国之常立神《くにのとこたちのかみ》
エドガー・ケイシー

リーディング

コロナ・パンデミックはどうなるか

大川隆法
Ryuho Okawa

まえがき

いまや、報道は「コロナ・パンデミック」一色である。

今朝の新聞では、今年の世界経済がマイナス3％成長となるという予測となっている。だが、これも、短期間でコロナ感染《かんせん》が収束《しゅうそく》することを前提としている。

私のほうでできることは、「コロナ・パンデミック」に関心・関係を持っていると思われる、高級霊や、「神」という名で称《しょう》されている方々の分析や予言を紹介することである。個性により矛盾《むじゅん》があったとしても、ある程度の流れは予測できる。

読んで頂きたいのは、第1章、第2章であるが、その背景事情を知ってもらうため、〈付録《ふろく》〉部分もつけ加えた。日本の神にも鎖国《さこく》状態のままの方がいるのが、少し残念であるが、天照大神《あまてらすおおみかみ》は、意識が開国しておられるのが救いである。未来はまだ、変えることができる。

二〇二〇年　四月十五日

幸福《こうふく》の科学《かがく》グループ創始者兼総裁《そうししゃけんそうさい》　大川隆法《おおかわりゅうほう》

コロナ・パンデミックはどうなるか　目次

第1章　国之常立神《くにのとこたちのかみ》による
コロナ・パンデミック・リーディング

二〇二〇年四月九日　収録
幸福の科学 特別説法堂《せっぽうどう》にて

4

国之常立神の霊的真相に迫《せま》る　74

第2章　エドガー・ケイシーによるコロナ・パンデミック・リーディング

二〇二〇年四月九日　収録
幸福の科学 特別説法堂にて

〈付録〉国之常立神・聖徳太子《しょうとくたいし》の霊言

二〇二〇年四月八日　収録
幸福の科学 特別説法堂にて

Ⅰ　国之常立神の霊言①（二〇二〇年四月八日午前）

Ⅱ　国之常立神の霊言②（二〇二〇年四月八日午後）

Ⅲ　聖徳太子の霊言（二〇二〇年四月八日午後）

「霊言現象《れいげんげんしょう》」とは、あの世の霊存在の言葉を語り下ろす現象のことをいう。これは高度な悟《さと》りを開いた者に特有のものであり、「霊媒現象《れいばいげんしょう》」（トランス状態になって意識を失い、霊が一方的にしゃべる現象）とは異なる。

なお、「霊言」は、あくまでも霊人《れいじん》の意見であり、幸福の科学グループとしての見解と矛盾《むじゅん》する内容を含《ふく》む場合がある点、付記しておきたい。

第1章

国之常立神《くにのとこたちのかみ》による
コロナ・パンデミック・リーディング

二〇二〇年四月九日　収録

幸福の科学 特別説法堂《せっぽうどう》にて

国之常立神《くにのとこたちのかみ》
『日本書紀《にほんしょき》』では、天地開闢《かいびゃく》の際に、最初に現れた神とされ、『古事記《こじき》』では、天御中主神《あめのみなかぬしのかみ》や高御産巣日神《たかみむすひのかみ》など、五柱の「別天津神《ことあまつかみ》」の次に現れた「神世七代《かみよななよ》」の最初の神とされている。

質問者
武田亮《たけだりょう》（幸福の科学副理事長 兼《けん》 宗務《しゅうむ》本部長）
神武桜子《じんむさくらこ》（幸福の科学常務理事 兼 宗務本部第一秘書局長）
磯野将之《いそのまさゆき》（幸福の科学理事 兼 宗務本部海外伝道推進室長 兼 第一秘書局担当局長）
大川咲也加《おおかわさやか》（幸福の科学副理事長 兼 宗務本部総裁室長）
大川紫央《おおかわしお》（幸福の科学総裁補佐《ほさ》）

［質問順。役職は収録時点のもの］

1 「コロナ・パンデミックはどうなるか」の収録に当たって

エドガー・ケイシーより先に予言をしようとする国之常立神《くにのとこたちのかみ》

大川隆法　今日は、「コロナ・パンデミックはどうなるか」というテーマで、予言等を頂こうと思っていたのですけれども、なかなか難しいテーマであり、難航しております。予言には責任が伴《ともな》うことがあるので、「誰《だれ》が責任を取れるのか」という問題もあり、難航しているのです。

実は、このテーマで、昨日《きのう》（二〇二〇年四月八日）、霊言《れいげん》をやろうとしていたのですが、エドガー・ケイシーでやろうとしていたら、国之常立神《くにのとこたちのかみ》と思われる方が、二度ほど、昨日の午前と午後、交渉《こうしょう》に来られました。

今日も、エドガー・ケイシーでやるつもりでいたのですが、先ほど、昼の十二時台から、国之常立神が横から入ってき始め、交渉しておりました。

そして、今、隣《となり》の部屋で（笑）、天御祖神《あめのみおやがみ》から、「『言いたい』と言うのだから、言わせてやれ」という言葉も降りてきたのです。

国之常立神は、どうも日本の不幸の予言に関係がある方らしく、「ここに訊《き》かないと、エドガー・ケイシーに訊くのは順序として許されない」ということらしいのです。

このあたりの関係について、私はよく分からず、「日本の不幸の予言に、どうも関係があるらしい」ということしか分からないのですが、何か言うかもしれません。

大本教《おおもときょう》の主宰神《しゅさいしん》「艮《うしとら》の金神《こんじん》」は国之常立神なのか

大川隆法　国之常立神については情報が少ないのですけれども、日本には国史として『古事記《こじき》』と『日本書紀《にほんしょき》』があり、漢文で書かれた『日本書紀』のほうでは、初代の神は国之常立神と書かれています。

●天御祖神　『古事記』や『日本書紀』よりも古いとされる古代文献『ホツマツタヱ』に出てくる、「祖《おや》」に当たる神。幸福の科学では、天御祖神は「イエスが『父』と呼んでいた主《しゅ》と同一霊存在である」とされている。『天御祖神の降臨』（幸福の科学出版刊）参照。

『古事記』のほうでは、その前にも神があるのですけれども、解釈《かいしゃく》としては、「国之常立神あたりが、本当は、実際に肉体を持っていた最初の天皇であったのではないか」という説もあります。「その前は神代《かみよ》の時代なので、肉体があったかどうかがよく分からない」という意見もあるのです。

おそらくは、日本のいろいろな時代に出ているのだろうと思うのですが、近年では、大本教《おおもときょう》というところで主宰神《しゅさいしん》をしていた「艮《うしとら》の金神《こんじん》」といわれる者が、この国之常立神ではないかと言われています。

出口王仁三郎《でぐちおにさぶろう》という、大本教の二代目である巨大《きょだい》霊能者の審神者《さにわ》によって、（開祖の）出口《でぐち》なおに降りた者の正体が、そのように判定されているのです。

大本教の特徴《とくちょう》は、次のようなことです。

明治政府以降、日本の国家神道《しんとう》が成立したのですけれども、主流系は、日清《にっしん》戦争、日露《にちろ》戦争、第一次大戦等、勝ち戦《いくさ》を続けて、第二次大戦に突入《とつにゅう》していき、最後には敗れているわけです。

大本教は、大正時代から、「東京に火の雨が降る」とか、「ピカドン（原爆《げんばく》）が落ちる」とか、そのような予言を言っていました。

そのため、国家による取り締《し》まりをだいぶやられて、京都府の綾部《あやべ》などにある大本教の本部等も国家権力によって破壊《はかい》され、ダイナマイトで爆破されたりしました。そういう弾圧《だんあつ》を受けたのです。

後《のち》に教主補《きょうしゅほ》になった方も捕《と》らえられて牢《ろう》に入れられ、多少、発狂《はっきょう》するような感じのところまで行ったと思います。

戦後、許されていますけれども、そのあとは教勢が伸《の》びず、今、公称《こうしょう》で十何万というところで止まっているようです。明治あたりの最盛期には百万ぐらいと号していたのではないかと思います。

「火の雨が降り、原爆が落ちる」ということが、単に予言かどうか、分からない部分はあります。情報としては、大多数が当時思っていたことでもあるからです。

世界の五大強国のなかの日本ではあったけれども、軍備の制限をかけられ、英米に比べて（海軍が保有する戦艦《せんかん》等に関して）「五対三」という比率にされたりしました。

また、原爆の研究等がなされていること自体は漏《も》れてきていましたし、実は日本でも研究はしていました。日本は原爆を落とされましたが、「あと二年あれば、日本も原爆をつくっていた」とも言われてはいるので、そうした筋《すじ》の人から情報を取れば、分かったことでもあるのです。

「予言が当たった、当たった」と言っていますが、それがそうなのかどうか、微《び》妙《みょう》なところはあります。

ただ、日本神道のなかでも、たぶん、戦争賛成派と反対派の両方があったのは間《ま》違《ちが》いないのではないかと思っております。

国之常立神の霊言《れいげん》をやらないと、エドガー・ケイシーに行けない

大川隆法　〝この人〟（国之常立神）の霊言《れいげん》をやらないと、エドガー・ケイシーのほ

うに行けないようです。

エドガー・ケイシーは、第二次大戦中にもアメリカで予言等をやっていた方であり、大戦中、いろいろな予言を向こうでしていますし、「病気リーディング」は、いちばん得意な領域の一つではあるので、パンデミックについての予言もできるのではないかと思ってはいるのです。

（国之常立神が）日本でどういう立ち位置にいるのか、分かりません。古代の神にとっては、「国民に罰《ばち》を与《あた》える。祟《たた》りを与える」ということが神の本質だったのかもしれないので、そのあたりは分からないのです。

エドガー・ケイシーの霊言を、三回、止めに来ているので、何かあるのだとは思います。「予言についての責任を誰が取れるのか」の問題なのだと思います。話の長さにもよりますけれども、二人ぐらいに訊いたほうがいいのかもしれません。

みなさんから、あまり〝お好きではない〟波動《はどう》が来ているのは分かっているのですけれども、あの世の世界のことは難しくて、なかなか分かりません。本当に、いろいろな関係が結びついており、「あの世にも民主主義があるとすれば、強く意見を言いたい人には言わせてあげないといけないのではないか」と思うこともあります。

そして、もし二人の意見が違うなら、違うなりに、その後を見てもいいとは思っています。

ケイシーの霊言をやろうとしていたのは、十年前の二〇一〇年に、『エドガー・ケイシーの未来リーディング』で言われていることには、今見たら、ほとんど当たっているものが多いからです。

当時、十年以内にこういうパンデミックが起きることを予言しているので、それについて訊きたいと思ってはいたのですけれども、国之常立神が何度も来るので、こちらのほうの話を先に聞いてみたいと思います。

『エドガー・ケイシーの未来リーディング』（幸福の科学出版刊）

2　国之常立神にコロナ・パンデミックについて訊《き》く

国之常立神を招霊《しょうれい》する

大川隆法　それでは、国之常立神の霊言《れいげん》を頂きたいと思います。

(合掌《がっしょう》し、瞑目《めいもく》をして) 国之常立神よ。

『日本書紀《にほんしょき》』において、最初に現れたる神の国之常立神よ。

今回、日本を襲《おそ》っております、さまざまな凶兆《きょうちょう》には、「コロナウィルス・パンデミック」、「大不況《だいふきょう》」、「オリンピックの実施《じっし》がなされなかったこと」、「政界の問題」、その他、いろいろございますけれども、何かご意見がありますなら、お聞き申し上げたいと思います。

（息を吸って吐《は》く）うん。（息を吸って吐く。約五秒間の沈黙《ちんもく》）

「令和の世が、たいへん厳しい船出を迎《むか》えている」

国之常立神　うーん。うん。うーん。うーん。うん。うーん。

（約五秒間の沈黙）うん、うん。

武田　国之常立神様でいらっしゃいますか。

国之常立神　うーん。うん。

武田　本日はよろしくお願いいたします。

国之常立神　うん。……不幸だな。

武田　はい。

国之常立神　うん。

武田　昨日《さくじつ》来、ご意見がおありになるということでお見えになっていますけれども、今のさまざまな世相を見てのご意見かと思います。今日は、そうしたことについて、お話しいただきたいと思っています。

国之常立神　……うーん。

武田　まず、われわれ国民に何をお話しになりたいのでしょうか。

国之常立神　まあ、政府が大げさに言っているように見えるとは思うが。「最大の緊急《きんきゅう》事態」とか、「国家の危機」とか言ってるとは思うけれども、実はそのとおりなので。危機だと思います。

武田　どの程度の危機とお考えなのでしょうか。

国之常立神　うーん……。いや、国が終わるかもしれない危機です。

武田　「国が終わる」とは、どのように終わるということでしょうか。

国之常立神　統治能力が失われるところまで行くかもしれない。

武田　統治能力が失われる……。それは、無政府状態のような様相になるということでしょうか。

国之常立神　まあ、例えば、政府や自治体の長《ちょう》や幹部たちもみんな死ぬか、重体状態に陥《おちい》れば、もはや判断する人はいなくなるだろうね。

イギリスなんかは、もう、そうなり始めているわな。アメリカも危険は近づいているかもしれないがな。

武田　そうしますと、現時点では、日本は感染者《かんせんしゃ》が五千人余り、死者は百名以上出ていますが、今後の予測としては、かなり厳しいところまで行くと見られていると思います。どのあたりまで見えているのでしょうか。

国之常立神　少なくても、令和の時代が始まったあとすぐ、これだから、令和を決断して、上皇を出して、天皇を替《か》えて、消費税を上げて、中国の国家主席を呼んで、日中関係を強化し、経済交流を増やし、中国からの旅行者を増やし、カジノを呼び、インバウンドといわれる国内消費を増やして、国の発展を経済的に優先しつつ、国防面ではアメリカに頼《たよ》って、〝両天秤《りょうてんびん》〟をかけてやろうとしていた政策が、行き詰《づ》まってきつつあることは間違《まちが》いないわなあ。

だから、令和の世が、実は、たいへん厳しい船出を迎《むか》えていることを意味すると思う。

まあ……、うーん、イギリスの王室も危ないだろうとは思うが、日本の二千数百年の皇統も、たぶん危なくなるであろうし、国家の存続も非常に厳しく、国体の崩《ほう》壊《かい》もありえる。オリンピックではなく、国体の崩壊がありえるということも視野に入れておかねばならない。

今、政府は、一カ月程度の緊急事態宣言で、人と接触《せっしょく》しなければ、一カ月程度でこれを終息させるものという考えでやっている。そして、その一カ月分だけの休業補償《ほしょう》、減収補償をすれば、また元に戻《もど》っていくようなことを考え、来年、オリンピックを開くつもりでいるが、「すべて夢想《むそう》に終わる」というのが私の判断です。

新型コロナウィルス感染《かんせん》による日本の死者数はどうなるのか

武田　そのような未来が見えているということですが、その上でわれわれ国民へのアドバイスがございましたら……。

国之常立神　うん……。

（約五秒間の沈黙）

まあ……、キリスト教もイスラム教も終わりに向かっているので、この国の宗教も終わりに向かおうとしているのかもしれないね。

武田　この国の宗教というのは、何を指していますでしょうか。

国之常立神　うん？　二千七百年続いた宗教さ。

武田　それは、日本神道《しんとう》というように理解してよろしいのでしょうか。

国之常立神　救済力がないならね。だって、もう、誰《だれ》も神に祈《いの》らないじゃないか。感染者《かんせんしゃ》は数多いが、アメリカの大統領は、それでも、「神に祈ろう」とは言っている。日本の首相が、テレビを通じて「神に祈ろう」と言ったら、嘲笑《ちょうしょう》の嵐《あらし》であろう。これは掛《か》け値《ね》なしの実態だと思うからな。神に祈らないで、手洗い、うがい、消毒、そういうことばかりはしているようではあるがな。

この国には疫病《えきびょう》がよく流行《はや》ったので。過去何度も流行ったんでね。そのときの死者の数を決めていたのは、私なんで。

武田　え？　死者の数……。

国之常立神　「疫病で何人死なせるかを決めたのは私だ」と言ってるんです。

武田　そうですか。

国之常立神　うん。だから、私に訊《き》かないで、誰に訊くんだと言っている。

武田　なるほど。では、今回のコロナウィルスのパンデミックによる死者の数もお決めになられていると。

国之常立神　そうです。

武田　そうですか。

国之常立神　私が許容する範囲《はんい》です。

武田　なるほど。現在、死者数が百数十名ということなのですけれども、どのあたりまで許容されているのでしょうか。

国之常立神　うーん……。まあ、世界の死者の予定から見るならば、日本の人口は世界の一パーセントを超《こ》えてはいるんでね。世界の規模がどこまでいるかもあるとは思うけれども。

（約五秒間の沈黙）五百万人ぐらいかな。

武田　五百万人の死者まで許容されたということですか。

国之常立神　日本でな。

武田　日本で。

国之常立神　世界は、全部は私は決めかねるが、日本を一パーセントと考えれば、世界の死者の数は予想はつくわな。

武田　うーん。五億人ぐらい……。

国之常立神　以上ということだな。

武田　以上ですか。

国之常立神　うん。

武田　その「五百万人」という数は、〝一パーセント〟と考える以外に、何か日本にとって意味のある数字なのでしょうか。

国之常立神　うーん、まあ、国家的危機というのには、それは、百人や二百人ではなりませんのでね。

やり直しなんですよ。お立て直しなんですよ。明治以降の国家のお立て直しなんですよ。もう一回、〝ガラガラポン〟にするつもりでいるんでね。

だから、政府不信、自治体不信、この国の政治制度と議会制度への不信、医療《いりょう》への不信、教育への不信、いろんなものが出てくる。一気に膿《うみ》が出るだろうね。

武田　すみません。お伺《うかが》いしたいのですけれども、死者数は五百万人と決めた際は、どのような方々とのやり取りの上で決まり、現実化することになったのでしょうか。

国之常立神　やり取りをするのではなくて、私が決めるものなんで。

武田　国之常立神様のさらに上位には、この件に関して決めたり、やり取りをしたりする人はいないということですか。

国之常立神　まあ、「おためごかしの妥協案《だきょう》」を言う人はいるとは思いますけれどもね。ただ、決めるのは私なんで。

神武　でも、日本の主宰神《しゅさいしん》は天照大神様《あまてらすおおみかみ》だとお教えいただいているのですけれども。

国之常立神　天照はね、調子のいいときだけ主宰神なんです。

磯野　そんなことはございません。民主党政権のときには、天照様から、国民に対してたいへん厳しいお叱《しか》りを頂きまして、また、その数カ月後に東日本大震災《だいしんさい》もございましたので、決して調子のいいときだけの主宰神ではございません。

国之常立神　まあ、二万人ぐらい殺しましたね。

神武　この五百万人とお決めになった件につきましては、天照大神様とお話しされたりはしていないのですか。

国之常立神　するわけないでしょ。

国之常立神が神罰《しんばつ》を落としたくなるような事柄《ことがら》とは

磯野　五百万人の日本国民の死を許容されているということですが、それを通して、私たち国民《くにたみ》に、いったい何をお伝えになりたいのでしょうか。

国之常立神　うーん。まあ、「神罰《しんばつ》」ということを学んでいただきたいのです。

神武　いちばん神罰を落としたくなるような事柄《ことがら》は、どのようなことでしたでしょうか。

国之常立神　天皇の「譲位《じょうい》」がいちばんです。

神武　それは、「天皇の第二の人間宣言のようなものだったから」ということでしょうか。

国之常立神　うん。まあ、それが一つ。

それから、今、大感染、パンデミックが起きることで、男の子が一人しかいない皇室は、さぞ震《ふる》え上がっていることだろうとは思うがな。昔から、こういうことには弱くてねえ、みんなね。次々と跡継《あとつ》ぎが死んでいくんでね。

それから、経済的にも大きな打撃《だげき》が起きるので。どう見ても、国の上にいる人たちが疫病神《やくびょうがみ》に見えるであろうなあ。

武田　つまり、「国の上にいる人たちが神仏を敬《うやま》わない、信仰心《しんこうしん》がないということへの神罰」でよろしいでしょうか。

国之常立神　だから、明治以降な、まあ、多少、最初は宗教らしいものをつくろうとしたこともあったがな。それが、実際は、総理以下の権力者や、軍部という権力者によって利用されているだけでね。彼らの〝おもちゃ〟にあてがわれていたんでね。日本の信仰心と国家神道のあり方がね。

だから、うーん、本来、天皇が存在するんなら、今こそ、神に祈る、そういう祈りの舞台《ぶたい》を宮城《きゅうじょう》（皇居）前につくって、一週間でも十日でも祈り続けなくちゃいけないときだがな。まあ、その声を天が聞きたもうかどうかは徳によるがな。ただ、そういうことを考えつきもしない体制になっている。ただの「利用」と「お飾《かざ》り」になっていて。

今、君たちは民主主義が最高だと思っておるのだろうが、間違っているわな。

武田　「中国と大して変わらないような体制の国だ」ということですね。

国之常立神　そのように思うな。まあ、社会主義国家ではないかな。もはや神のいない国家だと思うな。

神社・仏閣《ぶっかく》はあるけれど、それは、お祭りや伝統習俗《しゅうぞく》の仲間入りをしているだけで、本当のものではなかろうよ。

国之常立神が激しい怒《いか》りを持っている理由とは

武田「神への信仰を持ち、神への祈りを行うべきだ」というお話でしたが、国之常立神様がおっしゃる「神」とは、何を指すのでしょうか。


国之常立神　うん？　はあー（ため息）。

日本には三神《さんしん》があってね。国之常立神、天御中主神《あめのみなかぬしのかみ》、天照大神、これが三神なんだ。

あとは、宇宙神としてはね、天御祖神《あめのみおやがみ》というのもいるがな。ただ、日本だけを見ているわけではないようだから。

武田　では、「四柱の神への信仰」ということになるのでしょうか。

国之常立神　ただ、この地上、要するに、地面がある「地上の国」に関する権限は、国之常立神である私に属している。

神武　今、主エル・カンターレが日本に下生《げしょう》してくださり、私たちに「地上のあるべき姿」もお教えくださっております。

そして、私たちは、エル・カンターレ信仰の下《もと》、活動し、主エル・カンターレが望む国づくりをしております。

国之常立神　失敗したんだよ、君たちは。

●エル・カンターレ　地球系霊団の至高神。地球神として地球の創世より人類を導いてきた存在であるとともに、宇宙の創世にもかかわるとされる。現代日本に大川隆法総裁として下生している。『太陽の法』『信仰の法』（共に幸福の科学出版刊）等参照。

神武　しかし、私たちは、主の願われる国づくりをこれからも続けさせていただきますし、主に祈りを捧《ささ》げながら、その実現を目指しております。

国之常立神　いや、君たちは、主に恥《はじ》をかかせ続けたんだよ。

神武　たいへん申し訳ないことだと深く感じているのですけれども……。

国之常立神　君たちは、給料以上の仕事をしなかったんだよ。

神武　そのことに関して、あなた様はどのように思っているのですか。

国之常立神　激しい怒《いか》りを持ってますよ。

神武　それは、主エル・カンターレの理想が実現されないことに対してですか。

国之常立神　まあ、幸福の科学というのが、その理想を達成することなく、使命を終わろうとしていることに対してね。

3　疫病《えきびょう》や食糧《しょくりょう》にかかわり、「鎖国《さこく》」を進める神

国之常立神への信仰《しんこう》を要求する

大川咲也加　国之常立神様は昨日《きのう》もお見えになっていて、少しお話をしました（本書〈付録〉参照）。

その際に、ちょっと気になるご発言があって、「エル・カンターレという外来の神を招いたから、日本に、こんなにコロナが流行《はや》ったんだ」というようなことをおっしゃっていたのですが、主エル・カンターレと日本神道《しんとう》の神々の関係については、どのように考えていらっしゃるのですか。

国之常立神　それは誰《だれ》も知らんよね、詳《くわ》しくはね。

武田　ぜひ、国之常立神様のお考えを伺《うかが》いたいのですけれども。

国之常立神　いやあ、日本の歴史には出てこないので。

武田　どのようにお考えですか。

国之常立神　え？　だから、日本の歴史には出てこないからさ。まあ、奥《おく》さんと弟《で》子《し》を見て判断するしかないわな。

武田　おっしゃっている意味が分かりません。すでに、「地球神エル・カンターレの教え」をたくさん学ばせていただいているわけなのですけれども。

国之常立神　簡単にしたほうがいいんだよ。

武田　えっ？

国之常立神　たくさんは要《い》らないんだよ。

武田　たくさんは要らない？

国之常立神　うん。三箇《か》条ぐらいにまとめていただきたい。

武田　どうしてですか。

国之常立神　覚えられんから。

武田　（苦笑）

磯野　では、国之常立神様がまとめられる三箇条をお教えいただけますか。

国之常立神　われを信ぜよ。

磯野　「われ」というのは、国之常立神様ですか。

国之常立神　うん、うん。

磯野　あとの二箇条は？

国之常立神　神に奉納《ほうのう》せよ。

磯野　「神」というのは、国之常立神様ですか。

国之常立神　はい、そうです。

磯野　三箇条目は？

国之常立神　そして、人間は、持っている主権を神に返上せよ。

磯野　「神」というのは、国之常立神様ですか。

国之常立神　そうです。

磯野　要するに、「国之常立神様を信じ、国之常立神様に対して捧《ささ》げ物をなし、国之常立神様に主権を返上せよ」ということですか。

国之常立神　うーん。天照大神《あまてらすおおみかみ》は太陽の光を供給されている。天御中主神《あめのみなかぬしのかみ》っていうのは、まあ、空気みたいな存在だ。私が大地。この日本の国土なんです。

磯野　「日《ひ》の本《もと》の国」ともいわれるように、日本は古来より「太陽信仰《しんこう》」を持っております。

国之常立神様が国土について司《つかさど》っておられるというのは、私たちも歴史を通じて学ばせていただいておりますけれども、この国は、決して国土だけで成り立っているわけではありません。

神様に対してこういうことを申し上げるのはたいへん恐縮《きょうしゅく》ではございますけれど

も、先ほどおっしゃった三箇条につきましては、私たち幸福の科学の信者、また、日本の全国民も、完全には従いかねます。

「外国は、もうすぐ死体の山になる」

国之常立神　天照大神が太陽神であるなら、コロナウィルスぐらい焼き殺しなさい。焼き殺すぐらいの力がなきゃ、太陽神とは言えん。

大川咲也加　先ほど、「君たちは、失敗したのだ」というご発言がありましたが、主エル・カンターレが下生《げしょう》されていて、まだ教えを説かれているので、「もうすでに敗れたのだ」と言い切ってしまうのは、主エル・カンターレに対して行きすぎな態度かと思いますが。

国之常立神　いや、幸福実現党が象徴《しょうちょう》的にそれを示しているからね。神の敗北を示すために活動して、十一年も。

磯野　違《ちが》います。天上界《てんじょうかい》のみなさまからご支援《しえん》を頂きながら、国政において十分な成果を出せていないことにたいへん悔《くや》しい思いでおりますけれども、それでも、私たちが活動をやめずに戦い続けることで、「神々が応援されている」ということを行動で示そうとしているのです。

国之常立神　だからね、君たちの力不足によってね、エル・カンターレという神は、日本で今、〝悲劇の神〟として色分けされようとしつつあるんで。

武田　その結果、先ほどおっしゃった国之常立神様の「三箇条に帰依《きえ》せよ」とか、「われを信仰せよ」とかいう結論になるのはおかしいのではないですか。

国之常立神　私が象徴するのはね、大地で、これは「食糧《しょくりょう》」なんですよ。

武田　はい？

国之常立神　食糧なんです。

武田　食糧難ですか？

国之常立神　食糧！

武田　はい。

国之常立神　だから、あなたがた、食べ物がなくてもいいなら、どうぞ、信仰を持たないで結構です。
天照大神は、おっしゃるとおり、日の光ですよ。そして、天御中主っていうのは、まあ、空気みたいなもんですよ。風です。
武田「五百万人が亡《な》くなる前に、食糧難がやって来る」ということはあるのですか。
国之常立神　まあ……、食糧も尽《つ》きるでしょうね。
武田　具体的には、どういうことが起きると？
国之常立神　外国との交流がもうすぐできなくなりますからね。外国は死体の山になりますから、もうすぐ。菌《きん》と死体の山ですよ。

大川咲也加　今、日本の感染《かんせん》がほかの国よりもまだ少ないのは、主エル・カンターレのお力であったり、日本の神々がいちおう頑張《がんば》っておられたりするからなのですか。

国之常立神　いや、備蓄《びちく》がまだ少しあるからです。備蓄がなくなったら、そこから本当の不幸が始まる。

海外は、もっと病《やまい》は流行りますからね。「五百万」っていうのはすごく少ない人数ですよ。あちらは「億」ですからね。

「コロナウィルスがなければ、『地震《じしん》』と『噴火《ふんか》』が来る予定だった」

大川紫央　今回のコロナウィルスは、日本から発祥《はっしょう》したものではなくて、中国から発生して世界に広がっているのですけれども、国之常立神様は、今回のことに関して、ほかの世界の神々とも意思交流をされて、そういう決定をされていると考えてよろしいのでしょうか。

国之常立神　いや、上に立つ者であるから、意思交流ではなくて命令ですよ。命令は出していますが。

武田　どのような命令を出されているのですか。

国之常立神　何が？

武田　命令というのは？

国之常立神　うん。だから、「日本に対して悪《あ》しきものを持ち込《こ》んだ者は、滅《ほろ》びに至《いた》る」っていう命令です。

大川紫央　そういう意見発信を世界にされているということですか。

国之常立神　うん。

大川紫央　なるほど。

国之常立神　まあ、中国も、もちろんガタガタになりますが、アメリカもガタガタになります。

大川紫央　今回、コロナウィルスが流行《はや》っていなかったとしても、先ほどからおっしゃっていたような、「日本国民が反省すべき点が多々、山積み」という現状は変わらなかったと思うのですけれども。

国之常立神　地震《じしん》が来るんで、そのときには。「地震」と「噴火《ふんか》」が来る予定だったので。

大川紫央　コロナウィルス発生については、発生する前から、そうした計画があるということをご存じだったのですか。

国之常立神　うん。そんなの、しょっちゅうだからね。何百年かおきに起きますから。

武田　「中国の生物兵器の研究所から漏《も》れた」という話もあるのですけれども、こうしたこともご存じなのですか。

国之常立神　過去、三回ともそうだから。過去、「MERS《マーズ》」「SARS《サーズ》」のときも、そういう、研究しているものから出て、責任を追及《ついきゅう》しなかったので。
　今回は規模が大きいので、責任追及は出るでしょうな。

武田　「コロナウィルスが漏れてパンデミックが起きる、起きない」ということ自体に関しては、特にかかわりはないのですよね？

国之常立神　ん？

武田　これは、国之常立神様の管轄《かんかつ》外で起きたことですよね？

国之常立神　うーん。まあ、ただ、為政者《いせいしゃ》には責任があるし、外交をしていた者にも責任があるし、国の方向についても責任はあるでしょうね。

武田　「日本の」ということですね？

国之常立神　そうだね。

「鎖国《さこく》政策」を進めている国之常立神

武田　先ほど、大川隆法総裁から、「国之常立神は、日本の不幸の予言に関係している」と伺ったのですけれども。

国之常立神　それは、神のなかの神だから。それはそうでしょう。

武田　神のなかの神。

国之常立神　うん。

武田　このコロナウィルス以外にも、何かございますか。

国之常立神　過去の疫病《えきびょう》には全部、関係していますよ、それは当然ながら。

武田　「未来」についてはどうでしょうか。

国之常立神　だから、当然、関係しますよ。

武田　コロナウィルス以外に、何かやって来るのでしょうか。あるいは、複合的に……。

国之常立神　いやあ、もう……、日本に人口が二百五十万人ぐらいしかいなかったころから、私はずーっと見ているんで。ここまで大きくなったんですからね。だから、膨張《ぼうちょう》しては不幸で引き締《し》め、膨張しては不幸で引き締め、その繰《く》り返しでやっているんで。

まあ、どちらかといえば、今、「鎖国政策《さこくせいさく》」を進めているところです。日本独自の思想と、文化と、考え方を打ち立てるには、多少の鎖国が必要だと思っています。外国に影響《えいきょう》されすぎている。〝アメリカかぶれ〟しすぎ、戦後はね。最近は〝中国かぶれ〟しすぎている。こんなに振《ふ》り回されるより、日本独自の考え方を固める必要がある。

まあ、少なくとも五十年ぐらいは、日本独自で考え方を固める時期が必要だと考えています。

神武　以前の霊言《れいげん》でも、「日本の独立性」といいますか、「日本の純粋《じゅんすい》さが大事」という、「日本性の純粋さ」についてお話を頂いたのですが、改めて、今回を機に、どのような国を目指されたいのでしょうか。

国之常立神　うーん。「脱《だつ》中国」、「脱アメリカ」。両方です。

磯野　その先に打ち立てるべき日本的なるものとは、どういうものでしょうか。

国之常立神　うーん。まあ、どこの国にもない「新しい国体」をつくらなくてはならない。

今は、どこも、神が信仰の名の下《もと》に国民を統《す》べているようなところがないんでね。いくら神の信仰がある国だといったって、投票で選ばれた人が元首である国ばかりですからね。

●以前の霊言　『国之常立神の霊言』（宗教法人幸福の科学刊）参照。

だから、日本の今の天皇制の無責任体制は、やはり、しっかりした体制に変えなければいけないでしょうね。

大川紫央　民族を統べられる神様として、そうお考えになるのは分からなくもないですが、日本神道から見て、エル・カンターレ信仰が広がることについては、どのようにお考えになっていますか。

国之常立神　残念ながら、「日本の政治も、教育も、マスコミも、国民も受け入れなかった」という結果ですね。

大川紫央　あなた様は、それをよしとするのでしょうか。

国之常立神　まあ、いろんな試みはあるでしょうけどね。いろんな試みはあるでしょうけど、結果が国民の支持を受けていないなら、それはしかたがないことですね。〝外国からの宗教〟でしょうけど、まあ、日本に広がらなかったのは、キリスト教だって一パーセント以上は広がらなかったんで。クリスマスケーキ以外、広がっていませんから。それは、合わないんでしょう。

国之常立神は、信仰《しんこう》を〝日本のオリジナル〟に戻《もど》そうと考えている

武田　国之常立神様の立ち位置を確認させていただきたいんですけれども……。主エル・カンターレが現代の日本に下生《げしょう》され、幸福の科学が日本発・世界宗教として活動を展開しています。国之常立神様が、現時点で、これをどのように見ているのかは今までのお話で分かりましたが、国之常立神様は、われわれと一緒《いっしょ》に活動されているのか、それとも別の立ち位置であって客観的に見ているだけなのか、どのように理解したらよろしいでしょうか。

国之常立神　だから、今のままだと、大川隆法の生存期間だけが幸福の科学の最後の輝《かがや》きになって、そのあと立ち枯《が》れていくのが、もう目に見えていますね。

武田　そのように見えるとしても、共に活動しているのであれば、「神に祈《いの》りなさい。その神とは、三神《さんしん》や宇宙の天御祖神《あめのみおやがみ》様である」という結論は、まったく納得《なっとく》できるものではありません。

国之常立神　いや、まあ、「〝日本のオリジナル〟に戻《もど》しなさい」ということを言っているだけですから。

大川咲也加　「外来の神を日本人が受け入れられなかったから、日本古来の信仰《しんこう》に戻ろう」ということでしょうか。

国之常立神　うん。仏教も、もう日本では終わってるしね。キリスト教は広がらないし。あとは、イスラム教も広がらないでしょう。

大川咲也加　幸福の科学の信仰対象は地球神である主エル・カンターレですが、総裁先生は日本人として生まれておられます。なぜ、幸福の科学が外国の宗教になってしまうんですか。

国之常立神　いやあ、日本人じゃないでしょう。日本人はそんなに英語を勉強してはいけない。

武田　とてもドメスティックといいますか、国内的発想で……。幸福の科学は設立されたときから、人類幸福化、すなわち、世界宗教を目指して活動しているわけなんですけれども……。

国之常立神　違います。私たちは日本語が世界に通用するようにしたいんです。

武田　では、世界に真理を広げたい気持ちはおありなんですね。

国之常立神　いや、日本語を学ばなければ、神に〝帰依〟しているとは言えない。

武田　「世界に、真理の光を、種をまきたい」という気持ちはお持ちですか。

国之常立神　分からんことを言う人だねえ。それは人間の仕事でしょうが。

武田　なるほど。私の仕事ではないと。どこかで聞いたようなお話ですけれども……。

国之常立神　神はその「もと」なんですから。

武田　分かりました。

国之常立神　私は、少なくとも、この国民が二百五十万人ぐらいだったときから、今の一億二千数百万人のときまで、ずーっと、この国の大地と共にある者ですからね。だから、そんなに急に入ってきた信仰に……。

戦後、キリスト教が入ってきたけど、広がらなかった。広がらなかったのは、私たちが踏《ふ》ん張っているからでありましてね。ええ。根本的に変えるつもりはないんで。

だから、今、中国に偏《かたよ》りかかってるやつも止めようとしていますが、アメリカもここで止まってくると思うんで。日本は日本の独自の文化をつくって、もう一度、先のような「準備のない戦い」をするのではなく、もうちょっと、じっくりと五十年ぐらい日本独自の文化を練り込んで、それを世界に発信していくのがよろしいと言っている。

磯野　五十年間をかけて世界に発信していくべき「日本的なるもの」とは、どういったものなんでしょうか。

国之常立神　うーん？　まあ、「人間は人間、神は神」。その思想は、今、世界中からかなり薄《うす》れていますのでねえ。

民主主義も終わりにしたいんですよ。中国の無神論・唯物論《ゆいぶつろん》の全体主義も終わりにしたいが、ヨーロッパ、アメリカの投票型民主主義で、「神様はいてもいなくてもいい、飾《かざ》りみたいなもの」という民主主義も行き詰《づ》まっている。西洋でも、そう考える人は多いけどね。だから、やっぱり「神がこの国を動かしている」ような国にしたいということで。

4 国之常立神の霊的《れいてき》真相に迫《せま》る

「艮《うしとら》の金神《こんじん》」と国之常立神の関係

神武　確認させていただきたいんですけれども、大本教《おおもときょう》に出られた「艮《うしとら》の金神《こんじん》」は、あなた様でよろしいでしょうか。

国之常立神　いやあ、それは艮の金神でしょう。

神武　「艮の金神」と国之常立神の関係は？

国之常立神　だから、出口王仁三郎《でぐちおにさぶろう》がそういうふうに思っただけですから。

武田　では、「別の存在だ」と。

国之常立神　いや、別ではないかもしれないが、彼に視《み》える範囲《はんい》で言ってるだけでしょうから。

武田　では、「言葉を降ろしたこともあった」「指導したこともあった」ということでしょうか。

国之常立神　うーん。あなたがたは、あの……。まあ、いいや。外国の話はあんまりしたくないから、やめるけれども。

いやあ、あなたがたの思っている神っていうのは、ちょっと「甘《あま》い」んですよ。〝人類を甘やかす神〟なんでね。だから、もうちょっとねえ、神は怖《こわ》くないといけないんですよ。

武田　「祟《たた》り神の面が必要だ」ということですね?

国之常立神　だから、人間は、わがままを言う幼児みたいなもんですのでねえ。ええ。

「変化こそ、神の現れし姿」と主張する国之常立神

神武　以前、ご収録があった「艮の金神の霊言《れいげん》」のなかでは、「日本の主流系団は妖怪《ようかい》世界」というご発言もあったのですが……。

国之常立神　それを妖怪と思うところが間違《まちが》いで。人間の形でしかいられないと思うほうが間違っているんですよ。神は〝自由自在〟なんです。

●「艮の金神の霊言」　『艮の金神と出口なおの霊言』(幸福の科学出版刊)に収録。

磯野　それは、つまり、「妖怪は神だ」とおっしゃっているのでしょうか。

国之常立神　妖怪じゃありません。変化こそ、神の現れし姿なんです。

磯野　私たちも、幸福の科学の教学において「霊界《れいかい》は思いの世界で、思いが、その姿を表す」というようにお教えいただいています。

ですので、あなた様のおっしゃる神がさまざまな姿をお取りになるというのは、私たちの教えからも理解はできるのですけれども、そうした変化身《へんげしん》というか、姿を変えていく存在が、すなわち神だということを、あなたはおっしゃっているのでしょうか。

国之常立神　姿を変えられないのは人間でしょ？　変えられるのが神ですよ。それは、それだけ霊的であるということなんですよ。

ズールーの神から国之常立神にコンタクトはあったのか

大川咲也加　少しお話が変わるかもしれないのですが、先日、アフリカから、ズールーの神という方が、「次なる危機として、アフリカから襲来《しゅうらい》するバッタの大群を日本に入れていいかどうか」ということを訊《き》きに来られたのですけれども……。

国之常立神　飢饉《ききん》ですね。

大川咲也加　そういう、外国発の災《わざわ》いが日本に入っていいかどうかというようなことについて、ズールーの神から国之常立様に何かコンタクトはありましたか。

国之常立神　（約五秒間の沈黙《ちんもく》）まあ……、バッタはアフリカに帰ってもらって、

●ズールーの神という方が……　2020年4月6日収録の霊言「アフリカの祟り神・ズールーが語る次なる危機の警告」（幸福の科学の支部、拠点、精舎《しょうじゃ》で公開）参照。

アフリカを食い荒《あ》らして、人口を減らして、神の力を弱めたらよろしいんじゃないですかね。

磯野　つまり、「日本に入ってくることは許されていない」ということですか？

国之常立神　まあ、バッタが海を飛ぶことは考えられない。

武田　分かりました。

「神の名を誰《だれ》も呼ぶ人がいないのは、この国が終わっているということ」

武田　そろそろお時間となりましたので、最後に何か言い足りないことがあれば、メッセージをお願いします。

国之常立神　うん……。ああ……、こんなときに人々がその名を呼ぶ人こそ、真なる神でなければならないので。これだけ、医療《いりょう》だ何だに〝信仰《しんこう》〟を持って、あとは現金をばら撒《ま》くことばかり話をして、神の名を誰《だれ》も呼ぶ人がいないというのは、この国が終わっているということですよ。

だから、神の名を呼ぶことができる人が、この国を救うことができる人だと、私は思いますがね。

磯野　最後の確認なんですけれども、あなたがおっしゃる神というのは、あなたご自身のことを指しているのでしょうか。それとも、それぞれの信仰をお持ちの方にとっての神のことをおっしゃっているのでしょうか。

国之常立神　いやあ、それは、神は、日本にはたくさんいるんですけどね。だから、「何について権限を持っている神か」という違いがある。役割に違いがあると言っているわけですよね。

こういう、感染《かんせん》によるパンデミック、大量の死者が予想されるようなときに権限を持っているのは、この国では私だと言っているので。「私に祈《いの》らなければ、止めることはできない」と言っているので。

大川咲也加　国之常立神様にお祈りすれば、パンデミックは止まるということですか？

国之常立神　まあ……、この前の噴火《ふんか》かなんかで、もう神社も灰をかぶって。ほんとに！　信仰のない民《たみ》が。まったく神を祀《まつ》る気がないからねえ。

まあ、山の幸《さち》、海の幸を願うのなら、ちゃんと、神社ぐらい創建してやりなさいよ、ほんとに！

武田　はい。分かりました。
本日は、メッセージをくださり、ありがとうございました。

「エル・カンターレ」の日本への入国は許していない？

国之常立神　まあ、「外国の神様」を入れるのは、よく考えて注意してやったほうがいい。別の意図がある場合があるからね。

神武　すみません。それはエル・カンターレ信仰についておっしゃっているのですか。

国之常立神　いや、「エル・カンターレ信仰」と称《しょう》して、イスラム教が入ってくるやら、キリスト教が入ってくるやら、ユダヤ教が入ってくるやら、何教が入ってくるかは分からないんでね。気をつけないと騙《だま》されますからね。

武田　なるほど。国之常立神様は、そのように感じていらっしゃるということですね？

国之常立神　要《い》らない教えがたくさん入っているからね。

神武　では、「エル・カンターレ信仰」を日本に広げるのは反対だということですか。

国之常立神　いや、もう、失敗したんでしょ？（幸福の科学も）一《ひと》世代以上たったので。

神武　「エル・カンターレ信仰」を日本に広げることに賛成か反対かという二択《たく》だ

と、どちらですか。

国之常立神　もう、神に対してそういうことを言う者が、即座《そくざ》に呪《のろ》われるんです。

神武　では、「反対だ」ということでよろしいでしょうか。

国之常立神　神はもうすでに存在しているので。だから、〝入国許可〟を申請《しんせい》するなら、順番待ちをして、ちゃんと列に並んでいただかないと困るので。

武田　えっ？　ちょっと待ってください。そうしますと、エル・カンターレについては、どう認識されているんですか。

国之常立神　いや、並んでいないんじゃないですか？　十分には。

武田　並んでいないと？　まだ入国していないという認識なんですね？　「入国を許していない」と。分かりました。

大川紫央　しかも、今回は、日本だけで起こっている病気ではなく、これは地球規模で起こっているので、今こそ、私たちは「世界神」の名を呼びたいと思っています。

世界各地に民族神たちがたくさんいるなかで、やはり、その「神々の神」としての世界神がいらっしゃると思うのですが、日本国民として、そのご存在に祈ることは許されるのでしょうか。民族神たちも、今こそ世界神に祈りを捧《ささ》げるべきときだと思いますが。

国之常立神　まあ、「エル・カンターレ」の名は、八十億人のうち何人が知っているかといったら、それは限られているでしょうねえ。

大川紫央　それは、神として世界神と競争されているということでしょうか？

国之常立神　それは、イエスよりも、マホメットよりも、天照《あまてらす》よりも、まあ、有名ではないですからねえ、うん。

武田　あまり言いたくはないのですけれども、国之常立神様は、もっともっと知られていないと思います。

国之常立神　いや、だから、私は今、不幸にも砂をかけられた状態になっておりますのでね。

武田　そうですね。分かりました。
では、このあたりで、今日の霊言は終了《しゅうりょう》したいと思います。

国之常立神　うん。ああ、そうですか。

武田　ありがとうございました。

大川隆法　（手を二回叩《たた》く）

「霊言現象《れいげん》」とは、あの世の霊存在の言葉を語り下ろす現象のことをいう。これは高度な悟《さと》りを開いた者に特有のものであり、「霊媒現象《れいばい》」（トランス状態になって意識を失い、霊が一方的にしゃべる現象）とは異なる。外国人霊の霊言の場合には、霊言現象を行う者の言語中枢《ちゅうすう》から、必要な言葉を選び出し、日本語で語ることも可能である。

なお、「霊言」は、あくまでも霊人《れいじん》の意見であり、幸福の科学グループとしての見解と矛盾《むじゅん》する内容を含《ふく》む場合がある点、付記しておきたい。

第2章　エドガー・ケイシーによる
コロナ・パンデミック・リーディング

二〇二〇年四月九日　収録
幸福の科学 特別説法堂《せっぽうどう》にて

エドガー・ケイシー（一八七七〜一九四五）

アメリカの予言者、心霊治療家《しんれいちりょうか》。「眠《ねむ》れる予言者」「二十世紀最大の奇跡《きせき》の人」などと称《しょう》される。催眠《さいみん》状態で、病気の治療法や人生相談、超古代史等について、一万四千件以上もの「リーディング（霊査《れいさ》）」を行《おこな》った。エドガー・ケイシーの魂《たましい》の本体は、医療系霊団の長《ちょう》であるサリエル（七大天使の一人）であるとされている（『永遠の法』〔幸福の科学出版刊〕参照）。

質問者

武田亮《たけだりょう》（幸福の科学副理事長 兼《けん》 宗務《しゅうむ》本部長）

神武桜子《じんむさくらこ》（幸福の科学常務理事 兼 宗務本部第一秘書局長）

磯野将之《いそのまさゆき》（幸福の科学理事 兼 宗務本部海外伝道推進室長 兼 第一秘書局担当局長）

［質問順。役職は収録時点のもの］

1 新型コロナウィルス感染《かんせん》の広がりに関する驚《おどろ》くべき見通し

エドガー・ケイシーを招霊《しょうれい》し、世界の置かれている状況《じょうきょう》について訊《き》く

大川隆法　では、かつての日本にとっては敵側に当たるアメリカの方で、終戦のころに亡《な》くなられたエドガー・ケイシーのほうに、先ほどの考え（本書第1章参照）と同じか同じでないかを少し訊《き》いてみます。ただ、この方はアメリカ側ですけれども、幸福の科学に関しましては、日常的にけっこう相談できる方がエドガー・ケイシーや行基《ぎょうき》です。この方たちに、日ごろから会の運営について細《こま》かいところまで訊いていて、普通《ふつう》は、「こういうところに、どのような霊《れい》を降ろすか」というところまでの調整をエドガー・ケイシーがしているほどなのです。

そのエドガー・ケイシーを押《お》しのけて出てこられたので、まあ、どんな関係なの

かは分かりませんけれども。
それでは、エドガー・ケイシーよ、エドガー・ケイシーの霊よ。
どうぞ、幸福の科学に降りたまいて、現在、この日本の国と世界の置かれている苦難・困難について、どのようにお考えなのか、そのお考えを明らかにしたまえ。

（約五秒間の沈黙《ちんもく》）

「国之常立神《くにのとこたちのかみ》の霊言《れいげん》」に対する感想

エドガー・ケイシー　ふう（息を吐《は》く）。ケイシーです。うーん。

武田　ご降臨《こうりん》くださり、ありがとうございます。
まず初めに、ただいま国之常立神《くにのとこたちのかみ》が述べられていたお言葉を聞かれていたと思うのですけれども、どのようなご感想をお持ちか、お教えいただきたいと思います。

エドガー・ケイシー　うーん……。

（約五秒間の沈黙）

うーん……。まあ、「縄文式時代《じょうもんしき》の神」でしょうねえ。そのころの神じゃないでしょうかね。何とかして、この〝倭国《わこく》〟を独立した国にしようとしていたころの神じゃないですかね。

だけど、そのもとは、けっこう中国からいろんなものをもらっているのでね。独立心はおありなんでしょうけどね。アメリカとかは最近の国ですので、あんまりよくは知らないんだと思います。

武田　中国に対しても、「自分の国を鎖国《さこく》的に護《まも》りたい」という考えを持っているようです。

エドガー・ケイシー　もともとの国の成り立ちは、やっぱり、「中国沿岸部等を奇《き》襲《しゅう》して財物を奪《うば》ってくる」っていうようなことをよくやっていたあたりが、力を持って、だんだん王朝をつくっていっているのでね。

新型コロナウィルスに敗れている現代医療《いりょう》

武田　国之常立神によりますと、「今回の新型コロナウィルス・パンデミックによって、世界人口の一パーセント程度の日本では、五百万人ぐらいの死者が出るだろう」ということだったのですけれども、このあたりの見立てについて、ケイシー様はどのようにご覧になりますでしょうか。

エドガー・ケイシー　今、百人ですか。

武田　百人ぐらいです。

エドガー・ケイシー　だから今、賭《か》けですけどね。「一カ月、外へ出るな」ということで、「八割、人との接触《せっしょく》を減らしてください。そうすれば、これは減る」ということですが、対抗《たいこう》する薬がなく、「インフルエンザの薬みたいなのが少しは効くんじゃないか」とかいうようなことを言っているぐらいのところですかね。

まあ、現実上、ある意味ですごく原始的な手法を取っていますよね。「人と会わなければ広がらない」みたいなことですから、文明活動自体が停止することを意味していると思いますね。

だから、「一カ月」っていうのは、それを止める期限なのか、人間が耐《た》えられる期限のことなのか、微妙《びみょう》に難しいところではあると思いますね。

今、中国が止まったかのような報道はしていますが、これが本当に止まるなら、止められる可能性はあるでしょうが、本当ではなかった場合、要するに、第二波、第三波、中国でも感染《かんせん》がまた起きてくるようなら、これは止まらないものではありましょうね。

うーん、ちょっと世界中に蔓延《まんえん》するっていうのは、これはそうとうなものでしょうねえ。ちょっとアメリカや……。やっぱり今回、先進国がそうとう、ねえ? アメリカ、スペイン、イタリア、ドイツ、イギリス、フランス、こういう先進国でそうとうな被害《ひがい》が出ておりますので、医療《いりょう》先進国ほど被害者が多いようにも見える。ということは、「医療で戦おうとして、敗れている」ということなんだろうと思うんですね。

それ以外の国も被害は出ているけれども、つかむことができない。医療機関がないために分からないということでしょうね。だから、実際の数は、今、出ているよりもはるかに多い数でしょう。今、世界で百何十万人ぐらいの感染者がいると言っているけれども、実際の実数はもっと多いのは間違《まちが》いないでしょうね。

これは、最後には、二日で倍になるぐらいの数にだんだん増えていきます。それは、そうとうのところまで行く可能性があるので。今、はっきりとした対抗手段がないんでね。

アメリカの大統領なんかだったら、もし、アメリカに流行《はや》っていなければね、ある国だけに非常に流行っていたら、その国を火で焼いてしまいたいぐらいの衝動《しょうどう》に、たぶん駆《か》られるでしょうが、世界中に広がっているために打つ手がない状態ですね。

感染《かんせん》はどこまで広がるのか

エドガー・ケイシー　だから、最後は半分ぐらいまで広がったら、抗体を持つ人がだいぶ出てきますので、そのへんで止まるはずではあるんですけどね。

武田　そこまで感染《かんせん》が広がってしまうと？

エドガー・ケイシー　可能性はある。

武田　その可能性が高いんですね。

エドガー・ケイシー　うん。

神武　「半分」というのは、「世界人口の半分の人が感染する」ということでしょうか。

エドガー・ケイシー　そうですね。四十億人ぐらいですかね。可能性はあります。

神武　そのくらいまで広がる可能性があるということですね。

エドガー・ケイシー　うん。

武田　その場合、死者数はどれくらいを……。

エドガー・ケイシー　我慢《がまん》できないでしょう？　だって、「何にも人と会わないで、一人だけでじっとしていろ」と言っても、それは実際上、無理でしょう。それは現代文明の特徴《とくちょう》ですから。交通の便をよくし、人々の移動を楽にし、ね？　そういうふうにするのが現代文明ですから。現代文明を否定するかたちになりますので、それは土に穴を掘《ほ》って住むような生活になりますからね。

まあ、そんなに長くは我慢できないのではないかなと思うし。密接した国の場合には、一つの国が緩《ゆる》ければ、そこで感染爆発《ばくはつ》をしてしまえば、やっぱり近隣《きんりん》に必ず浸透《しんとう》しますので、止められないですね。特に、貿易によって、今、世界がつながっているので、これは止まらないところはあります。

私は、一カ月で終わるとは思ってはいないんで。

磯野　どの程度の時期を見ていらっしゃいますでしょうか。

エドガー・ケイシー　うーん、まあ、陰《かげ》りが見えるのに二年はかかるかなと見ています。

磯野　最低でも二年以上ということですか。

エドガー・ケイシー　二年過ぎれば、ようやく、いろんな対策が立ってき始める。今のインフルエンザの薬を、日本ではもう使おうとかしていますけれども、あれを使いすぎると、奇形児がいっぱい生まれるようになる副作用が出ますから。一年後には、それは禁じられていると思いますよ。

最悪の事態となった場合の感染《かんせん》死者数

磯野　ただいまパンデミックで全世界的に感染《かんせん》が広がっていて、これを何とか食い止めるということが、各国に課せられた課題ではあります。

それに対して現状は、「ソーシャルディスタンシング、つまり、社会的に人と人との距離《きょり》を開ける。もしくは、家から出ない。隔離《かくり》をすることによって感染拡大を防ごう」というのが各国で取られている手法なのですけれども、これは実際の感染拡大に対して有効なのでしょうか。

あるいは、感染拡大を食い止める、もしくは、そのペースをスローダウンさせていくための、何か別の有効な手段というものはありますでしょうか。

エドガー・ケイシー　うーん。まあ、現実はもう無理ですよね。人間にウィルスが入って、人間自体がウィルスのように近寄ってはならない存在になっているということであれば、それこそ殺菌《さっきん》消毒用の薬をヘリコプターで上空から撒《ま》いて、町ごと消毒するぐらいしか方法はないけど、生きている人間は生活はできないですよね。だから、もう対抗できるものが……。

ウィルスに対して生き延びた人たちは抗体を持っていますので、それからワクチンをつくるのに、たぶん二、三年はかかるだろうと思いますし。そのウィルスに負けない、抗体を持っている人が一定数確保できれば、そこからが〝レジスタンス〟の始まりではありましょうね。

今のところ、まだ広がっているという段階なんで、そこまでは確認することができないですね。

だから、最悪の事態は、半分までは行く可能性はある。半分まで行って、もし、死者を感染者の二十パーセント以内に抑《おさ》えられたら、八割は抗体を持つことになるんで。このあたりからは消滅《しょうめつ》のほうに向かってはいくとは思うが、死ぬ人の数がどこまで行くかということになりますと、私の試算だと世界で八億人ぐらいまで行く可能性があるかなと思っています。

日本は戦争末期のような状態になる可能性がある

磯野　日本では、どの程度……。

エドガー・ケイシー　うーん、まあ、やり方にもよるし、島国ですから、外国から逆輸入し始めたら、また広がるので。

　ただ、日本固有の国として生存がどこまでもつかということになれば、先の大戦と同じで、一年、二年以上はもたない可能性は高い。それまでの間に沈静化に向かっていれば可能性はありますけど、世界のほうで沈静化していないうちに日本のほうがもたなくなるっていうか、独立して存続できない状態になっていれば、やっぱり流入し続けることになるので、逃《のが》れることはできないですね。

　国内だけで、日本は今、生きていけない状態になっているので、これは、そこまでまだ考えていないと思います。一、二カ月ぐらいで普通に戻《もど》っていくのを考えているると思うので、たぶん、そうとう政府の動きは遅《おそ》いだろうと思います。

だから、マスクとか、いろんな治験薬を試《ため》したり、いろいろするけど、そんなのはすぐ二、三年かかりますのでね。もし、隣《となり》の国とかがまた爆発的に増えてきたりすれば、さあ、どうでしょうかね。

今、石油の地域もそうとう広がっていますし、あとは、オーストラリアやアメリカ等の友好国にもかなり広がっていっているので、これと航空便・船便とも交流ができない状態になるとしたら、それはちょっと戦争末期みたいな状態になる可能性はありますね。

〝地球最後の日シミュレーション〟の一つが起きようとしている

武田　今、日本では政府が「緊急《きんきゅう》事態宣言」を出して、先ほどの話にありましたように、人との接触を減らすために、外出自粛《じしゅく》や休業を要請《ようせい》して、その代わりに現金給付を行うなどの対応策を検討しているところなのですけれども、このままいくと、経済活動が停滞《ていたい》して、経済的にも危機が来るのではないかと思います。ケイシー様からご覧になって、今後の日本経済はどのようになっていくと思われますでしょうか。

エドガー・ケイシー　この病気は、先進国ほど、やはり厳しいんですよ。第一次産業が終わり、第二次の工業……。第一次は農水産業、第二次は工業、第三次はサービス産業、第四次はコンピュータや、その他のハイテク、ソフト産業というような感じで、先進国ほど、これは上のほうに上がっていきますので。生活が〝地に足がついていない〟ので。

まあ、農業、工業のところで、自前でできないようになっていることがかなり大きくて、その意味での破壊力《はかいりょく》はそうとうあるでしょうね。「人と人が会えない。一カ所に集まれない。組織的仕事ができない」ということになりますと、そうとう厳しいことを、これは意味すると思うので。

うーん、まあ、いろんなかたちでの〝地球最後の日シミュレーション〟っていうのはあると思いますけどね。世界各地の火山爆発とか、海面上昇《じょうしょう》とか、大地震《おおじしん》、津波《つなみ》、荒廃《こうはい》、ウィルス蔓延、宇宙人の攻撃《こうげき》、まあ、たくさんのシミュレーションはあると思いますが、そのうちの一つですよね。もう、これが今、起きようとしている。

これは、予想は何度も何度もされているもので、「パンデミックが起きるのではないか。人口爆発のときに起きやすいことなので、起きるのではないか」っていうことは、予想はされていたことではあるんですが。

いちばんの問題は、やっぱり中国が武漢《ぶかん》を開放して収まったように見せているけど、「これが本当かどうか」っていうところは、いちばん問題はあるでしょうね。

あとは、もう一つの教訓としてはね、核《かく》兵器も核汚染《おせん》で多くの人が大変な目に遭《あ》いますけれども、「生物兵器等によって世界中が汚染される」っていうことは、まだ経験はそれほど十分になかったし、化学兵器だって人類に対するいろんなことを起こしますのでね。こうした軍事産業についての考え方を、もう一回、考え直さなきゃいけないことになると思いますけれども。

まあ、そうとうなダメージでしょうね。だから、これにたぶん連鎖してくるものは必ずあるから。こうしたパンデミックだけでなくて、連鎖していろんなものが起きてくるんですよ。地域紛争《ふんそう》から戦争、あるいは略奪《りゃくだつ》経済、侵略《しんりゃく》みたいなものが起きてくる可能性もあるし。それから、人は狂気《きょうき》に陥《おちい》りますので、その意味で、〝正常でない犯罪〟が増えたり、殺人が増えたり、いろんなことが起きてくることが考えられますね。

それから、先進国では、宗教が広がっている所もパンデミックになりやすいというようなことで、〝逆回転〟も始まっておりますので。人間が〝病原菌を持っている動物〟のように扱《あつか》われる時代が出る可能性もあって、そうするとナチズムみたいなこともありえる。隔離ということだってありえるでしょうから。

まあ、心のなかで正常な感覚を持ちながら正しいことを発言し続けるのは、そうとう難しいでしょうね。

日本の場合も、食料をつくるものや、原材料をつくるものや、あるいは工業的にいろんな機械をつくったり、家を建てたりするようなものは必要になりますが、それから先の進んだサービス産業等には、ものすごいダメージがある。現実には、旅行業界、ホテル業界、百貨店業界、流通業界その他には大きな影響《えいきょう》が出ますよね。

まあ、一部、動画関係のところは、今、需要《じゅよう》が伸《の》びてはいますが、それもいつまで続くかは分かりません。「家にいろ」と言うので、ゲーム機械が売れたりとか、そういう特需はありますけど、たぶん、いつまでも続くものではないでしょうね。

ということで、ある意味での恐《おそ》ろしい試練の一つですね。だから、黙示録《もくしろく》の封印《ふういん》の一つが解かれたような感じには感じるんじゃないでしょうか。

2　コロナ・パンデミックに対する有効な対策はあるのか

日本は自給体制を強化する必要がある

武田　経済的なところで、直近で最も有効な対策を挙げるとしたら、どのようなものがあるでしょうか。

エドガー・ケイシー　外出できないのにお金を配っても、消費もできませんので。まあ、最後は「物資を上空から落とす」みたいな感じになるかもしれませんねえ。難民キャンプに落とすような、あんな感じになるかもしれない。地上での配達だって、感染《かんせん》が起きるので、できなくなってくる可能性までありますので。

まあ、感染からの回避《かいひ》ができるかというと、要するに、酸素呼吸をする生き物はみんな危なくなって、今、動物にまで感染することが分かってきていますので。「動物感染までする」ということになりますと、これはペットから、動物園の動物から、野生の動物、それから食料となる食肉業界等まで汚染《おせん》される可能性があることを意味しているので、そうとう厳しいですね。虎《とら》にまで感染するようじゃあ、それは牛や豚《ぶた》や鶏《にわとり》に感染するのは、そんなに難しいことではなかろうね。

武田　では、自給体制を高めるというような話になりますか。

エドガー・ケイシー　それは必要です。もちろん必要です。
海外からの支援《しえん》があるものとは、もう思っちゃいけないので。全世界が同時に、今、汚染されているので、どこも「ＳＯＳ」を出している状態ですね。どこかの超《ちょう》大国が安全な状態であれば助けられますけど、全世界が同時に、今、汚染されてきていて、これが高度発展した近代社会の弱点ではあったということでしょうね。

まあ、いずれにしても、核《かく》ミサイルとかもいっぱい開発していましたから、何らかのかたちで大量に汚染される事態が起きただろうとは思っておりますけどね。だから、おそらく、このパンデミックが起きなければ、「核戦争」も起きた可能性もあるし。まあ、何を選ぶかは、いろいろありますけどね。

アメリカは中国に対して戦争を起こす可能性がある

武田　一説では、「生物兵器を開発していた中国の工場から漏《も》れたのではないか」という話もありまして。

エドガー・ケイシー　ああ、もう、それは調べていますね。今、アメリカのほうが、特に、WHOを信用しないで独自に調べていますので。その原因の断定までしたら、戦争が起きる可能性は高いです。

武田　これが「事故で漏れてしまった場合」と「意図的に漏らした場合」とでは、意味がまったく違《ちが》うと思うんですね。
　中国が意図的に漏らした場合には、すでにワクチンを開発した上で、世界侵略《しんりゃく》が進行中かもしれないのですけれども、今後の中国の動きについて、どのようにご覧になっているでしょうか。

エドガー・ケイシー　もし、ウィルス兵器をつくって、これを実験してみて、漏らして、それで武漢《ぶかん》の人を犠牲《ぎせい》にしながら同時にワクチンの開発を進めていて、これで、どの程度鎮静《ちんせい》化できるかまで実験しておりながら、海外には感染を広げたということであれば、うーん……、まあ、アメリカの大統領は「宣戦布告」はするでしょうね、中国に対してはね。するでしょうけど。
　もし、感染者が増えてなく、死者が増えていないという情報が本当なら、そういう何らかの予防措置《そち》も同時に研究していて、感染を流行《はや》らせてから、それを試《ため》して鎮静化できるということを実験したということになりますわね。

でも、それが数字のごまかしで、本当は広がっているだけであるならば、まあ、ほかの国も同じ状態ですけど、しかし、中国よりもアメリカとかスペインとかイタリアのほうが広がっているというのは、やっぱり納得《なっとく》がいかないですよね。

武田　そうですね。

エドガー・ケイシー　国土と人口から見て、ちょっと考えにくい状態ではありますよね。

武田　「何か別のウィルスが広がっているのではないか」という話もあります。

エドガー・ケイシー　うん。だから、これは、原因探究は同時にやっていると思い

●何か別の……　2020年3月30日収録の霊言「北里柴三郎《きたさとしばさぶろう》の霊言」（幸福の科学の支部、拠点、精舎で公開）参照。

ますよ。対策と同時にね。

世界最高の都市のニューヨークが、あれほど人っ子一人いない状況《じょうきょう》にまで追い込《こ》まれるというのは、彼らが繰《く》り返し、映画等で描《えが》いてきた悪夢の一つですよね。一つのストーリーなんで。彼らは、そういうシミュレーションはたくさんやっていますから、対策もいろいろ持っています。「この場合はどうする」っていうのは、いちおう持ってはおりますけどね。だから、このへんは、今、ちょっと研究中なんです。

この危機を鎮静《ちんせい》化させるのは「大救世主の降臨《こうりん》」しかない

エドガー・ケイシー　いずれにしても、人類的には危機の状態でしょうねえ。今日（二〇二〇年四月九日）時点で、（感染者は）確認されているだけで百四十万人を超《こ》えて広がっているわけです。確認されているだけで百四十万人ですが、病院に行って検査を受けていない人がいっぱいいいますので。確定が百四十万人以上ということであれば、やっぱり、感染は一千万人ぐらいは行っていると思われますから、これはもうちょっと、あとになるほど増えると思います。

だいたい、病院なんかに行って、いちいち調べませんから。だから、そういう水面下で広がっている分には、分からない人はいっぱいいると思いますね。

あとは、「どの人が免疫抗体《めんえきこうたい》を持っているか」っていうこと、これは分からないのですが、生き延びる人は生き延びるんですよ。間違いなく生き延びる。（生き延びる人は）生き延びて、生き延びられない人もいるので。まあ、このへんの仕分けが進んでくるでしょうね。

それで、生き延びたことが分かった人は、感染していなかったから生き延びたのか、免疫を持っていて生き延びたのか、それによって、その人たちの扱《あつか》いも変わってくるとは思いますけどね。

いずれにしても、私は、この困難……、まあ、「来年のオリンピックはほぼ絶望」と見ています。そんなもので済まないぐらいです。世界中に広がっているんですから。たとえ、日本の数を少なくしたり、あるいは、そう見せても、それはできないですよね。

まあ、普通《ふつう》は、オリンピックが開けないような状況というのは、〝戦争状態〟が来るのが普通ですので。人類がいろんな兵器をつくりすぎて、危険な存在になりすぎたのかもしれませんね。

だから、その意味での自浄作用《じじょう》が働いて、人口を減らす圧力がかかっているといえば、かかっているのかもしれません。日本でも、〝コロナ詐欺《さぎ》〟というのは、もう「一万件以上も出ている」とか言いますから。

（日本で）こういうもので、そういうことが横行するぐらいですから、ほかのところでは、もっとすごくなると思うんですね。殺人や犯罪、強盗《ごうとう》、窃盗《せっとう》はいっぱい出てくるし、最後には、頭のおかしくなった人たちはマシンガンを持ち出して、「感染者を撃《う》ち殺す」とか、やり始めるところまで行く可能性があるので。

いやあ、これを鎮静《ちんせい》化させるのは、うーん……、まあ、日本が最後になるのかもしれないけれども、世界的には、やっぱり、「大救世主の降臨《こうりん》」しかないと思うでしょうね。「救世主の降臨」を求める国は多いと思います。これは、こちらのほうが多数派です。

今こそ「エル・カンターレ信仰《しんこう》」が必要なとき

エドガー・ケイシー　だから、おそらく、「エル・カンターレが一億五千万年ぶりに下生《げしょう》する」というなら、その程度の危機が来ることは織り込んでいなければおかしいので、人類の危機は来るんじゃないでしょうかね。だけど、〝ノアの箱舟《はこぶね》〟までは行かない。あれは一《ひと》家族ですから、ちょっと考えられない。あれは、さすがに考えられませんけれども。「新しい信仰《しんこう》」が立ち上がるだろうと思うんですよ。人々は何か救いを求めますので。救いを求めて、今までの宗教で救われないなら、「新しい救い」が降りてこなければいけないわけです。神を信じる人々は、世界では、やっぱり三分の二以上はいますから。

だから、「日本がどうなるか、先かあとか」は知りませんが、私は、先ほどの「国之常立神様《くにのとこたちのかみさま》」とかいう方の考えとは違って（本書第1章参照）、「エル・カンターレ信仰」は、それこそ、〝パンデミック的〟に、世界的に、いきなり広がり始めると思います。ある国を中心に、幾《いく》つかの国を中心に流行り始めると思います。

あなたがたが言っていることでいいんです。「真なる神への信仰・帰依《きえ》」「伝道」で、このパンデミックは収まります。エル・カンターレの力は……、まあ、こういうことを言うと、唯物論《ゆいぶつろん》的な週刊誌とかは騒《さわ》ぐんでしょうけど、「エル・カンターレの力は、コロナウィルスの〝繁殖力《はんしょくりょく》〟よりも強い。明らかに強い」ので。これを抑《おさ》えるには、地球全体を覆《おお》う光が必要なのです。地球全体を覆う光でなければ、この世界中に蔓延《まんえん》したコロナウィルスを駆逐《くちく》することは不可能です。

ですから、私は別に、「火事場泥棒《どろぼう》をしよう」というようなことを言っているわけではありませんけれども、人々が「神の名」を呼ぶべきときだと思っています。

だから、今こそ信仰は必要で、「間違った信仰や、効き目のないような宗教の集会等で病気が流行った、流行らない」等のことはあるかもしれないけど、それは、もう全部を価値中立的に判断したものの言い方でありまして。

まあ、一カ月ぐらい様子を見ても構いませんけれども、一定の限度を超えたら、あなたがたは積極的に伝道を開始しなければいけないと思います。今こそ、「真なる神の声」に耳を傾《かたむ》けなければいけない。

3　コロナウィルスを撃退《げきたい》する力

コロナウィルスは「神の光」で撃退できる

エドガー・ケイシー　このコロナウィルスにとっていちばん効き目のあるものは何であるかといいますと、それは、「大川隆法の説法《せっぽう》・本・ＤＶＤ・ＣＤ・映画・音楽」「幸福の科学から発信しているもの」。すべて有効です。

もちろん、幸福の科学も大きいですから、それは、信者のなかにも感染《かんせん》する人は出るでしょうけれども、そこから回復する例も、今後、数多く出てくるはずです。

ウィルスというのは小さいものですけれども、数が多いですから。これが飛沫《ひまつ》感染でその一部が体に入って寄宿して、それを体内に広げようとまず肺まで入って、そして、肺まで入ったら血液にも入って、体全体を汚染《おせん》しようとしているわけですので。これは、ある種の「憑依現象《ひょうい》」なんです。「ゾンビ型集団憑依」とほとんど一緒《いっしょ》です。

ですから、みんなに集団憑依するんですけれども、これは憑依と一緒なら、憑依しているものを追い出すことも可能です。（私は）十年前に「〝レギオン〟が発生して、あなたがたは大変な目に遭《あ》うかもしれない。パンドラの箱が開《あ》く」というような話もしていますねえ。〝レギオン〟が出る。

まだ、これ以外にも、ほかにもきついもの……、まあ、「灼熱地獄《しゃくねつじごく》」「寒冷《かんれい》地獄」「天変地異」、いっぱい書いてありますけれどもね。エル・カンターレは、これを救います。

だから、今しばらく、あなたがたは行政の下に潜《もぐ》って、おとなしくしているように思うかもしれませんけれども、古い宗教が絶滅《ぜつめつ》しても、「新しい神への信仰《しんこう》」が地球を覆《おお》って、このコロナウィルスを絶滅させる。これは戦いなので。そのために生まれた「新しい宗教」であります。

●レギオン　『新約聖書』に出てくる凶暴な悪霊（集合霊）の名。『エドガー・ケイシーの未来リーディング』（前掲）参照。

先ほど、三十数年で駄目《だめ》なことが証明されたような言い方もされましたが、「三十数年かかって、その基盤《きばん》がつくられた」という考え方もありますので。日本および世界に足場をつくってきましたので、心して、この教えを広げるがよいと思います。

もう、風邪菌《かぜきん》やインフルエンザ菌と形態は一緒ですので。こういうものが入ってきて、深く入って、肺まで出入して、細胞《さいぼう》を侵《おか》して、だんだんに「生きた細胞」を「死せる細胞」に変えていくという動きですので。これは、「神の光」で撃退《げきたい》できるものであるんです。

だから、無神論・唯物論《ゆいぶつろん》の方は数多く死ぬかもしれませんが、「真なる神を信じる者は救われ、地上には千年王国が打ち立てられる」という信仰が立ってくると思います。

まあ、「憑依」ですから、本当に。人霊《じんれい》の憑依ならすぐ分かりますけれども、もっと小さいものの憑依です。集団的に雲みたいにパカッと憑《つ》いてくるかたちで憑依して、そのエネルギー体、憑依したもので増殖《ぞうしょく》して、今、世界中に数を増やしていこうとしているんですよ。

だから、〝これを消せるものは何か〟っていうことですが、やっぱり、「神への信仰」しかないので。「地球規模でそれを救える教えはある」ということですね。

これを、今の日本の〝常識〟から見れば信じることはできないで、「医療崩壊《いりょうほうかい》」とか言って、「どうやって病院を増やすか、医療関係者を増やすか」っていうことばかりやると思いますが、残念ながらまったく効かない、効き目はないと思います。隔離《かくり》ぐらいしか方法はなくて、その面倒《めんどう》を見ている人たちにまでうつってくるレベルですよね。

これは、はっきり言って、自宅に籠《こ》もる方は、そうした本を読んだり、説法を聴《き》いたり、音楽を聴いたり……。それに、幸福の科学の映画を上映する映画館を封鎖《ふうさ》する必要はないと思いますよ。そこに行ったほうが、むしろよろしいと思います。飛沫感染よりはるかに強いものが、そこから出ていますので。

去年も、映画「世界から希望が消えたなら。」（製作総指揮・大川隆法、二〇一九年公開）で数多くの難病・奇病《きびょう》も治っておりますように、ウィルス撃退ぐらいの力は当然あるので。映画をつくるのを控《ひか》えるどころか、もっとつくらなければいけないぐらいです。

だから、そういう有害なものっていうか、地獄的なものみたいなものが逆に排斥《はいせき》されて、やっぱり、有効なものが広がっていくべきときで、「選択《せんたく》のとき」でもあると思いますね。

日本では、疫病《えきびょう》が流行《はや》っても信仰《しんこう》によって国を立て直してきた

エドガー・ケイシー　病院も役に立つ面もあるが、物理的には役に立つこともあるけれども、唯物論の傘下《さんか》に入ってしまっているものも数多くあるので。やっぱり、神のものは神に返さなければいけない。まあ、「神が誰《だれ》か」によって、さっきの者と意見が違《ちが》いますけどね（本書第1章参照）。

私は、今、幸福の科学が世界中に広がらなきゃいけないときが来ていると思うし、「幸福実現党を十一年やって、勝てないじゃないか」と言って嘲笑《あざわら》っている人がいるけれども、「嘲笑っているから、あなたがたは、これから大いなる不幸に見舞《みま》われることになるので、改心して、ちゃんと神の声を聴きなさい」「神の声が届いているときに、それを聴かなかった者に災《わざわ》いが起きるのは当たり前のことでしょうが。素直《すなお》にそれを聴きなさい」ということですね。

「地獄的な小説のほうがよく売れて、神の言葉のほうが読まれない」なんてことは、あってはならないのでありまして。まあ、戦いが起きると思いますね。

ですから、そうした唯物論的医療・治療の蔓延《まんえん》するなかですね、真理の伝道をする人たちは、ある意味で気の狂《くる》った人のように見える場合もあると思いますが、それを押《お》し返し、貫《つらぬ》いて、「人々を救う」という活動をやってのけることこそ、やっぱり「真理の使徒の使命」だと私は思うんですね。

いずれ、地上の寿命《じゅみょう》は有限ですから。長くて「百歳《さい》」まで行こうとしているものを、もう一回押し返して……、「五十歳」にまで押し返す力が、今働いているんだろうと思いますけれども。

もう、「寿命が短い」と思っておられる方、「〝生物寿命〟が短い」と思っている方は、「最後のご奉公《ほうこう》だ」と思って、こんな肺炎《はいえん》ぐらいで死ねるなら結構なことですから、伝道したらいいんだと思いますよ。

このまま放置しても、八十歳以降の人たちは〝粗大《そだい》ゴミ〟扱《あつか》いされて、最後は姥《うば》捨《す》て山に捨てられるような状態に……、国家の債務《さいむ》過多によって、そうなることになりますので。今こそ、やらなきゃいけないときですね。

聖武《しょうむ》天皇、光明《こうみょう》皇后のころにも、日本では疫病《えきびょう》が流行《はや》りましたけれども、同時に「大仏建立《だいぶつこんりゅう》」をやっていますよね。やっぱり、そういう信仰《しんこう》を立てなくちゃいけないということで、「奈良《なら》の大仏」を建てた。国家予算の二倍の費用を使って大仏を建てた。それで、全国の民《たみ》はそのためにお金を出すことを惜《お》しまなかった。

だから、「真なる信仰が国を近代化し、立て直す」という考え方を、やっぱり日本人は持っているので、先ほどの方に合わせるとしたら、そういう日本の美徳をこそ、今、活《い》かすべきときだと思いますね。

幸福の科学は、活動を活発化しなければならないと思います。一時的に、「逆風」とか「批判」とかは出るとは思いますが、基盤はもうすでにできていると思います。その活動を支援《しえん》するための、いろんな団体とか、そういうものが出てこなければいけないぐらいです。みんな、自宅待機させられて何もできないような人たちばかりだったら、「いっそのこと、真理の活動を手伝いませんか」ということですよね。そういう時代が来たと思います。

私は、（幸福の科学が）大本教《おおもときょう》みたいに弾圧《だんあつ》を受けて滅《ほろ》びるとは思っておりません。教えのスケールがまったく違うし、教えのレベルがまったく違っていますので。

外国の人たちが、この内容を見て理解ができますから、「同じではない」というふうに思っています。だから、「信仰による免疫《めんえき》は、やっぱり、このコロナウィルスに勝てる」と信じて、やっていただきたいと思うんです。

いずれ、この世の命は永遠の寿命を保つことはできませんけれども、人間の魂《たましい》としては「永遠の魂」がございます。この世においては、いかなる生き方をしたかということだけが問われるので、「いかに利他《りた》的な生き方をするか」ということが大事なのです。

コロナウィルスを食い止める戦いをし、人々を真に救っていけ

エドガー・ケイシー　みんなが引きこもって、そして、怖《こわ》がって、人との接触《せっしょく》を避《さ》けて、じっとしていることばかりをやっていたら、この世がみんな、すなわち「土中地獄」みたいに、土のなかに籠もっているような地獄になりますよ。

だから、どこかで、マスコミの〝バブル的恐怖《きょうふ》産業〟の煽《あお》りを止めて、やるべきことを黙々《もくもく》とやっていく集団に変えなければいけないのではないかと思いますね。

今、「大救世主の降臨《こうりん》があった」ということを、いろんな角度で多角的に言うべきであって、「人々を救うときは今だ」ということですね。

まあ、外部等では、「集会禁止」とか、「罰金《ばっきん》だ」とか、いろんなことを、また始める可能性が強いし、イギリスなんか、「三人以上が公的に集まったら罰金をかける」とか言っている。これでは、宗教活動はもうほぼ不可能な状態ですけれども。まあ、各個人の家庭でもいいし、自宅でやる分には、それは言われないでしょうから、もっともっと、幸福の科学の眠《ねむ》れる布教所やいろんなところで活動を活発化していくべきときですね。

だから、少々の〝コロナウィルスの雲〟みたいなものだったら、大川隆法説法を一時間聴いたら、ほぼ取れますから。あとは、「心を研《と》ぎ澄《す》ませて磨《みが》いていくこと」が大事で、この機会に、「善悪」と「正邪《せいじゃ》」をはっきり分けるものの考え方を広げていくことが大事だと思います。

まあ、戦いですね。今のところ、このままでいけば、「世界四十億人感染、八億人死亡」もありえる状態です。だから、「戦いです」と言っているんです。戦いによって、これを食い止める。ある地域に、それを止める力が働いていることが分かれば、人々はそれを見習うようになるでしょう。

こういうものでもなければ、いわゆる先進国なんかに教えが広がることもないでしょうから。〝今までの（宗教の）教え〟では救えないんですから。イタリアにあれだけ（感染が）広がったことを見れば分かるでしょう。

だから、バチカンの祈《いの》りは通じない。しかし、「幸福の科学の祈り」は、天の最上界までちゃんと届いているんですから。そういう世界づくりをしなければいけないと私は思っております。

4　外出規制の環境《かんきょう》下で救済活動を進めるための考え方とは

エドガー・ケイシー　ああ、一人でしゃべってしまいました。質問がありましたらお聞きします。

磯野　さまざまにお教えいただきまして、ありがとうございます。私たちは、「今こそ、主への信仰《しんこう》の下《もと》、光を広げていくべきときである」という決意を固めさせていただきました。

そこで、一点だけお伺《うかが》いいたします。私たちは、「今こそ、本当に信仰を弘《ひろ》めなければいけない。主の教えを広げなければいけない」という思いを強くしているのですけれども、一方で、行政機関等からは、とにかく、“Stay《ステイ》 home《ホーム》.”「家にいてください」「活動をしないでください」「外出しないでください」と外出を自粛《じしゅく》するように要請《ようせい》も出ています。

また、世の中のマスコミ等もそうした言論を広げていて、環境《かんきょう》としては活動しづらくなってきていますけれども、そのような行政、あるいは、マスコミ等による逆風のなか、私たち信者は、どのように光を広げていけばよいのでしょうか。その「切り返しの言葉」や「対抗《たいこう》する考え方」を賜《たまわ》れれば幸いです。

一人ひとりが主体になって「エル・カンターレ」の御名《みな》を広めよ

エドガー・ケイシー　まあ、「家にいろ」と言うのなら、ちょうど真理の勉強をするのによろしいので、本を読むなり、法話《ほうわ》を聴《き》くなりしていけばいいと思います。

しかし、ものは考えようで、教えを広げていくのに、今までは（大川隆法）総裁の大規模な行事だけに頼《たよ》りすぎていましたが、そうじゃなくて、もうちょっと……。「三人以上集まるな」と言うなら、「一対一」で二人で集まればいいわけですので。

「マンツーマン」的に教えを広げていけばいいことです。

それは、みんなが「伝道の主体」になることでしょうね。とにかく、去年（二〇一九年）でも、「病気が治る奇跡《きせき》」はたくさん起きましたけれども、私たちは今回、奇跡を起こすつもりでいますので。●「コロナウィルス撃退《げきたい》の奇跡」を起こすつもりはありますから、いろんなところから、そういう話が出てくるだろうと思います。

それを非科学的と決めつけるのは結構ですけれども、「人々がどちらを信じるかの戦い」ではあります。

だから、「公《おおやけ》にやれるかどうか」については、全体的な判断は要《い》るとは思いますけれども、やっぱり、宗教は、そんな疫病《えきびょう》のとき、飢饉《ききん》のとき、戦乱のとき、地震《じしん》、台風、津波《つなみ》、火山噴火《ふんか》、あらゆるときに人々を助けるために活動するのが仕事です。だから、そういうときに、人々に「真の導き」が必要だということですね。

まあ、最後は「南無阿弥陀仏《なむあみだぶつ》」「南無妙法蓮華経《なむみょうほうれんげきょう》」しかなかったかもしれませんが、最後になれば、ただ一言《ひとこと》の教えでもいいわけですね。「エル・カンターレとい

●「コロナウィルス撃退の奇跡」を……　「中国発・新型コロナウィルス感染撃退祈願」（全国および海外の幸福の科学 支部、精舎で開示）を受け、新型コロナウィルスに感染し症状が重症化した人が快方に向かったという体験が、ロンドンやニューヨーク等、各地で報告されている。

う神が、今、降りておられるんだ」ということを伝えるだけでも構わないんです。それが「南無阿弥陀仏」「南無妙法蓮華経」に代わるものですねえ。「エル・カンターレ」という御名《みな》を立てて、それを広めることだけでも布教にはなります。

だから、先ほどの「神」と言われる方が、「エル・カンターレなんて知らない」と言われたけど、知らないなら知っていただくしかないので、世界各地で「エル・カンターレに祈《いの》ろう」「エル・カンターレを知ろう」「エル・カンターレの教えを学ぼう」ということを、いろんなかたちで……。今、情報発信手段なんか、いくらでもあるじゃないですか。ねえ？

ですから、死者の数ばかり発信するんじゃなくて、そうした情報を発信し続ける。とにかく、「エル・カンターレが救いたもう」ということですね。昔は、「阿弥陀仏が救いたもう」が、あれだけ広がったんですから。情報手段が少ない時代に広がったんですからね。そういうチャンスだと思います。

まあ、法的規制に引っ掛《か》かることばかりをやっていいわけではありませんが、引っ掛からないものもいっぱいありますからね。それをやればいいわけですよね。私はそう思いますよ。

だから、先ほどの〝日本製の神様〟が言っておられたように、「(エル・カンターレは）外国の神様で、あまり知らない」とおっしゃるなら、まず「エル・カンターレをもっと知っていただく」っていうことを、やっぱり、会員のなかのうねりとしてやるべきです。

投票だって、もうできるかどうか分からないような状態にはなっておりますので、あまりこの世的な手段だけで考えるのも、考えものだなあとは思っています。

（幸福の科学には）社会的信用は、一定程度はあると思いますよ。揶揄《やゆ》する週刊誌等もありますけれども、週刊誌でそういうのを書けるということは、「政府与党《よとう》と同じぐらい信用度と力がある」と思われているからではあるんです。ほかの宗教なんか、「叩《たた》きようもない」というほど、今、力が何にもない状態ではあるんですが、幸福の科学の情報発信力には力があるわけです。

今、だから、もっと短縮形でね、「エル・カンターレの名を信じ、唱えなさい。祈りなさい」「まず、エル・カンターレに祈りなさい」って言うだけでもいいんです。これだったら〝無料〟ですから。「祈れ」と、ねえ？　金儲《かねもう》けのためにやっているわけじゃないので。「エル・カンターレに祈りなさい」っていう言葉だけでもいい。それから、もっと学びたい人には、もちろん手段はいっぱいありますからね。今、こんなときだからこそ頑張《がんば》って、建築業者が働いているかぎり、来年以降、やっぱり、支部とかを国内にも海外にも建て続けるように努力をしなければいけないと思いますよ。このパンデミックの今こそ、支部を広げるべきときです。

仏法真理《ぶっぽうしんり》も、全世界に飛び火して広がる寸前である

武田　本日は貴重なメッセージをたくさん頂き、本当にありがとうございました。信者一同、伝道活動を世界的に活発化させ、主の御光を世界の隅々《すみずみ》にまで広げて、このウィルスを撃退してまいりたいと思います。

エドガー・ケイシー　こちらもね、〝爆発《ばくはつ》〟寸前なんですよ。オーバーシュート（爆発的急増）。三十何年我慢《がまん》してきたものがオーバーシュートして、全世界に飛び火して広がる寸前。こちらも一緒《いっしょ》なので。

これは、「パンデミックを撃滅《げきめつ》する戦い」です。

武田　天上界《てんじょうかい》の光を地上に降ろしていただけるように、われわれも熱心に活動してまいりたいと思います。

エドガー・ケイシー　（他の宗教で病気を治せないのは）降りないからでしょう？　教会にも、神社・仏閣《ぶっかく》にも降りないんでしょう？　しかし、降りているところがあるんだから。

ローマ法王庁に行ったって、法王の祈りをイエス・キリストは聞いていないんだから。応《こた》えられていないんだから。

ここは、（イエスが）聞いているんだ。応えられている。イエスは（エル・カンターレの）弟子《でし》として働いている。こういうところがあるのに、なぜ祈らない？　なぜ信じない？

あなたがたは、行政とか、もうすぐ辞《や》める総理大臣とか、そんな小さなことをあんまり気にする必要はないんですよ。宗教の本道《ほんどう》で、やるべきことを、もっとやればいいんですよ。

武田　はい、分かりました。頑張ってまいります。

エドガー・ケイシー　はい。

武田　ありがとうございました。

5　収録を終えて

大川隆法　（手を一回叩《たた》く）というようなことでした。

エドガー・ケイシーのほうが、やはり、視野がやや広い感じはしますね。当会の判断でも、七大天使の一人であるサリエルであり、東洋では「薬師如来《にょらい》」にも当たると言われているので、薬師如来系であれば、こういう病気と戦うべき立場にあるし、実際に、生前に行われた一万四千件のリーディングのなかでも、医療《いりょう》系のリーディングは非常に多いので、詳《くわ》しい方だと思います。

今、唯物《ゆいぶつ》的に、マスクだとかインフルエンザの薬だとか、そんなことばかり言っているように思いますし、建物を建てて、そこに囲い込《こ》むことばかり考えています。「ホテルに囲い込む」というようなことばかり考えているわけですが、それでは、あの豪華《ごうか》客船に感染者《かんせんしゃ》を入れていたのと変わらないような気がします。おそらくは、病院がいちばん感染率が高いでしょう。たぶんそう思います。行くべきではないですね。

武田　はい。

大川隆法　重体でない人は行かないほうがいいと思います。それから、火葬《かそう》の習慣がなく、土葬のところに広がっていることが多い気もしますので、やはり、こういうウィルス系の場合は火葬したほうがよいでしょう。ですから、火葬所があまりないところなども、問題はあると思います。

まあ、戦いですね。当会としては、できる範囲《はんい》内で戦いを強化していくしかありません。

武田　戦ってまいります。

大川隆法　はい。

武田　ありがとうございました。

大川隆法　（手を二回叩く）はい。はい。

「霊言現象《れいげんげんしょう》」とは、あの世の霊存在の言葉を語り下ろす現象のことをいう。これは高度な悟《さと》りを開いた者に特有のものであり、「霊媒現象《れいばいげんしょう》」（トランス状態になって意識を失い、霊が一方的にしゃべる現象）とは異なる。

なお、「霊言」は、あくまでも霊人《れいじん》の意見であり、幸福の科学グループとしての見解と矛盾《むじゅん》する内容を含《ふく》む場合がある点、付記しておきたい。

〈付録〉国之常立神《くにのとこたちのかみ》・聖徳太子《しょうとくたいし》の霊言《れいげん》

二〇二〇年四月八日　収録

幸福の科学 特別説法堂《せっぽうどう》にて

聖徳太子《しょうとくたいし》（五七四〜六二二）

飛鳥《あすか》時代の政治家、思想家。父は用明《ようめい》天皇、母は穴穂部間人《あなほべのはしひと》皇后。名は厩戸豊《うまやどのとよ》聰耳皇子《とみみのみこ》。推古《すいこ》天皇の摂政《せっしょう》として内政・外交に尽力《じんりょく》。冠位《かんい》十二階・十七条憲法を制定して中央集権化を進めるとともに、小野妹子《おののいもこ》を隋《ずい》に派遣《はけん》して国交を開き、大陸文化を取り入れた。また、仏教を深く信仰《しんこう》し、法隆寺《ほうりゅうじ》・四天王寺《してんのうじ》等を建立《こんりゅう》するなど仏教興隆にも努める。六二〇年、『天皇記』『国記』を編纂《へんさん》。なお、魂《たましい》のきょうだいに、アメリカの南北戦争時に第十六代大統領だったアブラハム・リンカンがいるとされる（『黄金の法』〔幸福の科学出版刊〕参照）。

質問者

大川紫央《おおかわしお》（幸福の科学総裁補佐《ほさ》）

和田《わだ》ゆき（幸福の科学宗務《しゅうむ》本部第一秘書局副局長 兼《けん》 海外伝道推進室副室長）

大川咲也加《おおかわさやか》（幸福の科学副理事長 兼 宗務本部総裁室長）

［質問順。役職は収録時点のもの］

Ⅰ　国之常立神の霊言①（二〇二〇年四月八日午前）

1　未来予測を話したがる国之常立神《くにのとこたちのかみ》

国之常立神が出口王仁三郎《でぐちおにさぶろう》の名を借りて語り始める

〈本霊言《れいげん》に至《いた》るまでの背景〉

（編集注。この日は、エドガー・ケイシーによる「未来リーディング」を行おうとしていたが、国之常立神《くにのとこたちのかみ》が「言いたいことがある」と来ていた。エドガー・ケイシーが、「国之常立神がリーディングをやるなら辞退する」と言ってきたため、ほかの霊人《れいじん》によるリーディングも検討していたところ、〔大川隆法総裁の〕頭が締《し》めつけられる感じの霊反応があり、霊人を呼び出した）

国之常立神　（約十秒間の沈黙《ちんもく》）はあー。はあーっ。はあっ。はあ……（編集注。背景に大川隆法総裁の原曲〈ゆるし〉がかかっている）。

大川紫央　どなたですか？

国之常立神　（約五秒間の沈黙）はあ……。

大川隆法　何だか紫央さんの〝一撃《いちげき》〟を嫌《いや》がっています。名前を名乗ったら、あとでパシッとやられるのをすごく嫌がっています。

大川紫央　先ほど来ていた国之常立神ではないんですか？

国之常立神　はあーっ。

和田　国之常立神ですか？

国之常立神　（約五秒間の沈黙）はああーっ。

大川紫央　艮《うしとら》の金神《こんじん》？

国之常立神　（約五秒間の沈黙）はああーっ！　（約五秒間の沈黙）はああーっ。はあー……。

大川紫央　どなたですか？

国之常立神　出口王仁三郎《でぐちおにさぶろう》。

大川紫央　（笑）本当に？　国之常立神ではないですか？

国之常立神　出口王仁三郎。

大川紫央　出口王仁三郎が未来予測をしようと。

国之常立神　当たったんだぞ。

大川紫央　火の雨が降ったんでしょう？

国之常立神　うん。

大川紫央　でも、そう言った結果、大本教《おおもときょう》は弾圧《だんあつ》されたじゃないですか。

国之常立神　〝ピカドン〟（原爆《げんばく》）をな、「来た」と。

和田　朝から来られていましたか？　ずっといますか？

国之常立神　妖怪《ようかい》の世界も詳《くわ》しいぞよ。

大川紫央　詳しいんですね。妖怪世界。

和田　また、新しい感じのお話ですね（笑）。

国之常立神や出口王仁三郎《でぐちおにさぶろう》の霊言《れいげん》を人々は聞きたいかというと……

大川紫央　日本は、これからどうなりそうですか。

国之常立神　（約五秒間の沈黙）いやあ、それを聞いてほしいんよ。

大川紫央　えっ、あなたが出口さんだとすると裏ですけど、そういう未来予測はできるということですか？

国之常立神　うーん、裏だからできるんじゃないか、何を言ってるんだ。

和田　ああ、占《うらな》い関係で……。

●**裏**　自我が強く、心の修行ではなく、霊的修行や霊的パワーなどに価値を置き、自己顕現《けんげん》しようとする人々がいる世界。仙人《せんにん》界や天狗《てんぐ》界、妖怪《ようかい》の世界などがある。『太陽の法』『永遠の法』（共に幸福の科学出版刊）等参照。

大川紫央　今、出口王仁三郎とか、国之常立神の霊言《れいげん》を、みんな聞きたいかなあ？

和田　（苦笑）

国之常立神　うーん。

和田　たぶん、世界事情について話すのは難しいのでは……。

大川紫央　中国の〝死者がゼロ〟の理由などは分かりますか？

和田　アメリカの未来や政治についてお話しできますか？

国之常立神　中国は、政権安定のためですよね。

大川紫央　ああ、安定のために操作していると。アメリカの感染者《かんせんしゃ》が増えているのはなぜですか？

国之常立神　（約十秒間の沈黙）まあ、このウィルスはもともとアメリカ攻撃《こうげき》用につくられたものですからね。

大川紫央　では、中国がやっているということですか？

国之常立神　うん。

霊的《れいてき》姿は妖怪《ようかい》の「百目《ひゃくめ》」

大川紫央　妖怪《ようかい》世界に詳しいということですが、出口さんは、妖怪だと何に分類されるんですか。

国之常立神　うーん、どろろ……。

大川紫央　（笑）

和田　どろろ……。

大川紫央　どろろ？　映画になったものですか？

国之常立神　百目《ひゃくめ》。

大川紫央　百目。あっ！　だから、いろいろ視《み》ることができるということですね。

妖怪のトップ、〝上司〟は、ぬらりひょんでいいんですか。

国之常立神　（約五秒間の沈黙）まあ、妖怪にもいろいろ意見がありましてな。簡単には決まらないんです。〝異種格闘技戦《かくとうぎ》〟なので。

大川紫央　出口さんの〝上司〟などはいるんですか。

国之常立神　〝上司〟はいませんよ。

大川紫央　いないんですね。

国之常立神　うん。

大川紫央　みんな個人個人で成立しているのが妖怪世界なんですね。

和田　個人個人で生きていそうですよね。

国之常立神　はい。はい。

大川紫央　なるほど。

あくまでも〝出口王仁三郎《でぐちおにさぶろう》〟と言い張る国之常立神

大川紫央　でも、大本教のとき、国之常立神は、艮の金神として、出口《でぐち》さんを指導されていましたか？

国之常立神　うん。

大川紫央　それは出口さんの〝上司〟に当たるのではないですか？

国之常立神　だからね？　うーん、（約十秒間の沈黙）まあ、魂的《たましいてき》につながっとったら、どうする？　っていうわけですよ。

和田　ああ、そういうことですね。

大川紫央　……えっ？　国之常立神の魂のきょうだいの一人に出口王仁三郎《おにさぶろう》がいるかもしれないということですか？

国之常立神　こんなねえ、〝スクープ〟は言えないことですね。

大川紫央　では、今は国之常立神ですか？　出口王仁三郎さんですか？

国之常立神　〝出口王仁三郎〟です。

大川紫央　今、生まれているんですか。

国之常立神　いや、それはスクープだからねえ。

大川紫央　いや、スクープというか、つながっているのはみんな知っています。

国之常立神　いや、天理教《てんりきょう》にだって、それは、指導はしたからね。みんな、つながってる。

大川紫央　そうですか。

国之常立神は裏側の霊界《れいかい》にいる

国之常立神　いや、大本（教）はね、日本の敗戦を避《さ》けようとしたのよね。だから、裏側にされたんで。表側は戦ったから。

大川紫央　戦いに行きましたよね。

国之常立神　裏側は「負けるからやめとけ」と言ったのを〝裏〟にされて。「負けるからやめなさい」と言っていた。

大川紫央　そうすると、このコロナの結果、日本はどうなるんですか。暗いのです

●**表側**　主として、世界宗教、もしくは、それに近い宗教が説く「人間として、なすべきこと」や「善と悪の違い」といった教えに基づいてつくられた世界。真っ当な方向で魂を伸ばして進化してきた霊たちがいる。『「霊界散歩」講義』（宗教法人幸福の科学刊）、『永遠の法』（前掲）参照。

か？

国之常立神　いや、今、すごく明るいんじゃないですか。ほかの国にあれだけ広がっていて、日本が今、少ないですから。

大川紫央　経済もどんどん落ちていきますけどね。

国之常立神　よその落ち方は、もっと激しいですから。

「妖怪《ようかい》の世界は、それぞれが神」

大川紫央　あなたはエル・カンターレのことを知っているんですか？

国之常立神　まあ、それは知ってますけどね。

大川紫央　そこには信仰《しんこう》があるんですか。

国之常立神　妖怪《ようかい》の世界は、それぞれが神なんで。

和田　（苦笑）結局、「信仰がない」ということですよね。

大川紫央　やはり、妖怪はそれぞれが神なんですね。

国之常立神　そうですよ。〝異種格闘技戦〟だから、どっちが強いか分からない。

大川紫央　妖怪同士ではですね？

国之常立神　うん。

大川紫央　でも、エル・カンターレは妖怪ではないですよ。

国之常立神　エル・カンターレも、まあ、ある種の妖怪ではあるわけで。うん。

大川紫央　でも、（すべての存在を）創り出したご存在でしょう？

国之常立神　エル・カンターレはねえ、姿形《すがたかたち》がないんで、何にでも変化《へんげ》するので。うん。

〝顔面偏差値〟を〝霊界偏差値〟とする勘違い

和田　今日は何かメッセージがあって来たのですか？

大川紫央　今日は、未来予測をしようと思ったから、来たということですか？

国之常立神　まあ、紫央さんの賀茂光栄《かものみつよし》の予言は聞いたって無駄《むだ》でしょう。

大川紫央　賀茂光栄の霊言は、別にするつもりないですよ。

国之常立神　こういうときに、〝画皮《がひ》絶滅作戦〟をつくるのは……。

大川紫央　よくないです？

国之常立神　「しんどいですね」って言っているの。

●賀茂光栄（939 ～ 1015）　平安時代の陰陽師《おんみょうじ》。大川紫央総裁補佐の過去世の１つとされる。『日本を救う陰陽師パワー』（幸福の科学出版刊）参照。

大川紫央　国之常立神は、「画皮」にも反応しているんですか？

国之常立神　私たちはもう、〝顔面偏差値〟が〝霊界偏差値〟だと思っているから。

大川紫央・和田　（笑）

国之常立神　ああ、妖怪はね。妖怪は、どう化《ば》けられるかということが〝偏差値〟なんで。だから、ほかの人から見て、美しいと見えるように化けられるということは、偏差値が高いんですよ。

大川紫央　あ、その妖術が高いということですね。

国之常立神　うん、そういうことですよ。下手《へた》な人は醜《みにく》くなります。

●画皮　中国清代の怪異譚《かいいたん》『聊齋志異《りょうさいしい》』（蒲松齢《ほしょうれい》著）のなかの一篇。人の皮を被《かぶ》り美女に化ける妖怪（妖魔《ようま》）が登場する。なお、幸福の科学では、「妖魔」というテーマをめぐり、真の美の悟りとはいったい何かについて、現代を舞台に描く、映画「美しき誘惑―現代の『画皮』―」（製作総指揮・原作 大川隆法）を2021年に公開予定。

国之常立神の〝下心〟や計算

大川紫央　国之常立神が、純粋《じゅんすい》に来てくれたらいいんですけれども。〝下心〟があって来ているのが分かる感じですから、そのまま国之常立神の霊言をやってしまって、「今の時期でいいのかな？」と思ってしまいます。

国之常立神　はあー……（息を大きく吐《は》く）。一つぐらいは当たることもあるんじゃないかと思うんですけどねえ。

大川紫央　（笑）

和田　一つですか？（笑）ちょっと、不確かな予言ですね。

●龍馬　幕末の志士・坂本龍馬（1835〜1867）のこと。賀茂光栄と同様に、大川紫央総裁補佐の過去世の１つとされる。

大川紫央　でも、その予言をして、「やっぱり私はすごい魂なんだ」と言いたいところはありますよね。

国之常立神　ああ、まあ、そういうふうな〝性悪説〟でいくなら、もう、賀茂光栄は「暗黒思想の持ち主」ということにしないと。龍馬《りょうま》はもっと明るくなくっちゃいけない。

大川紫央　龍馬と出口王仁三郎には悪霊《あくれい》撃退のための霊言があって、なぜか同じ一冊にまとめられているんですけれども、若干《じゃっかん》、仲が悪かったですよね（笑）。

国之常立神　うーん。

大川紫央　そうすると、木戸孝允《きどこういん》の直後にまた、出口王仁三郎として生まれたとい

●悪霊撃退のための……　1989年8月27日に収録された「坂本龍馬の霊示」「出口王仁三郎の霊示」。『大川隆法霊言全集 第43巻 悪霊撃退法』（宗教法人幸福の科学刊）所収。

うことですか？

国之常立神　いやあ、「木戸孝允」を疑うべきでしょうね。

和田　そこからですか！

大川紫央　では、木戸孝允は誰《だれ》になるのですか。

国之常立神　いやあ、よその人かもしれないということを疑うべきでしょうね。

大川紫央　出口王仁三郎のほうが、国之常立神の転生《てんしょう》として本当なんですか？

国之常立神　分かりません。〝妖怪〟ですから。

●木戸孝允（1833 ～ 1877）　幕末から明治初期にかけての政治家。過去の霊査では、国之常立神の生まれ変わりの１つとされていた。

和田　妖怪なんですね、結局は（笑）。

国之常立神　うーん……。

大川紫央　（笑）衝撃《しょうげき》なんですけれども。

和田　そうですね。だいぶ、国之常立神としてのアイデンティティーが変わってしまいませんか。大丈夫《だいじょうぶ》ですか（笑）。

国之常立神　いやあ、幅広《はばひろ》く入れてるんですね、今……。

大川紫央　ほら、やっぱり、今、自分がどう見られるかを計算していますよね。

和田　そうですね。

国之常立神　はい。頭いいんで。

和田　うーん（笑）。

日本を憂《うれ》いて予言をするより〝自分売り〟が先の国之常立神

大川紫央　でも、全体的に聞くかぎり、やはり〝自分売り〟じゃないですか。

国之常立神　うん。

大川紫央　純粋に、日本のことを憂《うれ》いて予言をするという感じではないですよね。

そのまま聞いていると。

和田　そうですね。

国之常立神　調和の神なんですよねえ。

大川紫央　誰がですか？

国之常立神　私。

大川紫央・和田　（苦笑）

和田　〝面白《おもしろ》いジョーク〟を言いますね。

国之常立神　奇人《きじん》・変人が跋扈《ばっこ》する日本の国において、それをまとめているんです。

大川紫央　あっ、分かった。過去世《かこぜ》を変えたいんですね。

和田　過去世に頼《たよ》るのは、やめたほうがいいですよ。

国之常立神　まあ、とにかく〝何でもあり〟なんですよ。うん。

大川紫央　では、今名乗っている出口王仁三郎というのも怪《あや》しいですね。これは〝罠《わな》〟でしょう？

国之常立神　ううん？　出口王仁三郎かもしれない。

大川紫央　かもしれないけれども。

国之常立神　出口王仁三郎は目が百個あるんやからね。〝千眼《せんげん》〟にはちょっと勝てないか。うーん。

大川紫央　では、今、日本のことを憂いていますか。

国之常立神　〝憂いて〟ますよ。

大川紫央　本当に日本のことを憂いているのですか。

国之常立神　だから、日本のことを〝最も憂いている〟神様の言葉を、日本人は聞きたくないのかなあと思ってるだけだけど。

2　日本一の神になるための計算

天御祖神《あめのみおやがみ》の存在を認めない国之常立神

大川紫央　それでは、日本はなぜこうなったと思うのですか。

国之常立神　やっぱり、〝本来の神〟を祀《まつ》らなかったからですよ。

大川紫央　「本来の神」というのは、どなたのことですか。

国之常立神　やっぱり、『日本書紀《にほんしょき》』を中心に合理思想を立てるべきだったんだ。

大川紫央　あれ？　天御祖神《あめのみおやがみ》はどこに行ったんですか。

国之常立神　それは、いや……、それは神話なんで。

和田　神話ですか。

国之常立神　もうそれはもう、武内《たけのうち》（宿禰《すくね》）の文書（『ホツマツタヱ』）という「外典《げてん》」に出ているだけで、「正典《せいてん》」というか、国がつくった国史には出てこない。

大川紫央　それでは、もう、天御祖神の存在はなくてもいいんですね。

国之常立神　いや、宇宙人でしょ、きっと。

大川紫央・和田　はあ……（ため息）。

エドガー・ケイシーが今回行う予定の「未来リーディング」を乗っ取ろうとしていた国之常立神

大川紫央　でも、やはり、霊言《れいげん》をやるならケイシーさんですよね。

国之常立神　また趣旨《しゅし》がコロコロ変わるんです。ＡＢ型は嫌《きら》いなんですよ、私。

大川紫央　いや、私は最初からケイシーさんと……。

和田　はい、おっしゃっていましたね。

大川紫央　というか、総裁先生が今回、「ケイシーの未来リーディング」と書いていたじゃないですか。

和田　はい。

国之常立神　〝嫌《いや》がる人〟を出すのは……。

和田　霊言する機会を奪《うば》おうとしていたんですよね。横槍《よこやり》を入れて……。乗っ取ろうとして、来てしまったんですか？

国之常立神　あんたは〝お上手〟が下手《へた》だから、〝嫌がる人〟を押《お》し出すのは難しいんじゃないですか。

和田　だから、国之常立神がいなくなったら、意外と、ケイシーさんで決まるかもしれません。

大川紫央　なるほど。ケイシーさんは優《やさ》しいから。

和田　これを解決するまで待ってくれたのかもしれません。

国之常立神は二千七百年以前の日本の大もとの源流を知らない

国之常立神　「（ケイシーは国之常立神が）かわいそうだと思ってるんだ」と思うんですよ。（国之常立神が）今、はねのけられているから、こういう、いろいろ疫病《えきびょう》が流行《はや》ってるんじゃないかと思う。

大川紫央　だから、以前から台風等が起こるのも、「総裁先生が海外伝道に行くから起こるんだ」「本来の神（国之常立神）がその位置に就《つ》いていないから、こんなことが起きるんだ」などと言っていましたよ。

国之常立神　それって、信仰《しんこう》の普通《ふつう》の考えでしょう。

大川紫央　うーん、でも、それは、幸福の科学の神様がおっしゃっている「神様」とはちょっと違いますよね。

国之常立神　「エル・カンターレ」って日本語じゃないので、やっぱり日本の神の名前にしないと。

大川紫央　だから、「天御祖神」であるとも言ってますよね。

国之常立神　だから、それが『古事記《こじき》』にも『日本書紀』にも載《の》ってないんですよ。

大川紫央　ラ・ムーは知っていますか？

国之常立神　ラ・ムーも外人なので。

大川紫央　日本の源流を知らないんですか。

国之常立神　日本の歴史はマックス二千七百年なんで。もう、それから先は分からないんで。

大川紫央　ここで責任を取れば、〝日本の一番の神〟になるんじゃないかという計算だったということですね。

●ラ・ムー　地球神エル・カンターレの分身の１人。約１万７千年前に太平洋上に存在したムー大陸に栄えた帝国の大王であり、宗教家 兼 政治家として、ムー文明の最盛期を築いた。『公開霊言 超古代文明ムーの大王 ラ・ムーの本心』（幸福の科学出版刊）参照。

和田　こういう戦略のようなことをやろうとするから、あまり信用がつかないんですよ。結局、自分のためですよね。

大川紫央　今までの時代は、その戦略がうまいと、けっこう成功してきたのだろうけれども、今世《こんぜ》は、本当の神がいて、全部バレてしまうから。

和田　うーん。

大川紫央　心の動きが。

国之常立神　いや、たいていは反対のバイアスがかかっているから、本当の神の心じゃないですよ。あなたが左側から横槍《よこやり》を入れて潰《つぶ》すから、否定、ネガティブ攻撃《こうげき》をまずかける。

大川紫央　でも、高級霊の場合、普通、霊言するときに、頭を締《し》めつけられるような感じはしないんですよ。

国之常立神　それは、日本の未来について心労している場合もあるでしょう。

和田　それならば、何とかしようと、霊界《れいかい》で頑張《がんば》ったらいかがですか。総裁先生を締めつけないでください。

3　国之常立神の認識の限界

創造神も知らず、「自分こそ神だ」と言い張る国之常立神

大川紫央　いや、まあ、いいんですけどね。せめてエル・カンターレ信仰《しんこう》を持ってほしいですよね。

和田　そうですね。

国之常立神　その「エル・カンターレ」って、何かねえ。砂漠《さばく》のほうの神様みたいな感じがするんですよね。日本にはあまり縁《えん》がないんじゃないかなあ。

和田　どういうことですか。

大川紫央　それなら、せめて、天御祖神《あめのみおやがみ》ぐらい知っておくべきですね。

国之常立神　天御祖神は、日本語、しゃべれなかったですからねえ。

大川紫央　ただ、創造神だと、そのお二人になるわけなので、あなたたちが取って代われる神格ではないんですよ。

国之常立神　（天御祖神は）お相撲《すもう》さんだからね。相撲を取るのが御神技《ごしんぎ》だから。

大川紫央　では、今日は何がいちばんしたかったんですか。

国之常立神　もうちょっと、こう、謙虚《けんきょ》な人に質問を受けたい。

大川紫央　でも、今いるメンバーは、あなたに対して、みな謙虚ではないですよ。

国之常立神　これ、みんな間違《まちが》ってるんですよ。みんな天狗《てんぐ》なんですよ。天狗だらけ。

大川紫央　でも、幸福の科学は『太陽の法』（幸福の科学出版刊）から始まっている教団であって、『太陽の法』ではエル・カンターレが出てきますよ。

国之常立神　うーん。ちょっと要《い》らなかったですねえ。ほんとね。

大川紫央　どういうことですか。

国之常立神　日本に責任を持ってる神様、出てこなきゃいけない。

和田　え？　責任を持っているんですか？

国之常立神　で、エドガー・ケイシーの予言だと、結局、エル・カンターレが出てきて日本を滅《ほろ》ぼそうとしてるようにしか見えないですから。無駄《むだ》な戦いを挑《いど》んで敗れて、祟《たた》り神になって、日本は滅びる。

大川紫央　いや、あなたたちがイエス様的な教えを説けずに、「天なる父がいる」とか「創造主がいる」とか、日本人に伝えてこなかったから、本当の至高神が降りてきたときに、日本人はみな気づいていないわけなんですよ。だから、それは日本の神々の責任もあるでしょう？

国之常立神　はあ……。

大川紫央　「自分こそ神だ」などと、ずっと言っているから。

イエス様とは認識力が全然違《ちが》い、救世主の世界ともつながれない

和田　確かに、日本の霊界《れいかい》で、日本の神様がエル・カンターレ信仰を持っていない時点で、日本国民はなかなか難しいですね。

大川紫央　そう。終わっているでしょう？

国之常立神　知らない。それは知らんもんで。

大川紫央　やはり、イエス様とは認識力が全然違《ちが》いますよね。

国之常立神　誰《だれ》も知らんもん。誰も知らんもん、それは。

大川紫央　それでは、九次元に入れないでしょうね。

国之常立神　そりゃあ、幸福の科学の会員しか知らんもん。……うん。

大川紫央　では、あなたは天上界《てんじょうかい》でもお会いできないということですか。

国之常立神　そんなことはないですよ。私が洞窟《どうくつ》のなかにいるから、そっちが会いに来りゃあ、会えますよ。

●九次元　あの世（霊界）では、一人ひとりの悟りの高さに応じて住む世界が分かれている。地球霊界では、四次元幽界《ゆうかい》（地獄界は四次元の一部にある）から九次元宇宙界まである。九次元は救世主の世界であり、釈尊やイエス・キリストなどが存在している。『永遠の法』参照。

大川紫央　何ですか、それは。

「エル・カンターレを受け入れていないから、感染《かんせん》が止まっている」という間違《まちが》い

大川紫央　そういうご心境のなか、国之常立神に日本の未来を占《うらな》ってもらって、はたして本当にちゃんとした答えは出るのかと思っています。

和田　正しい予言ができるんでしょうか。

国之常立神　うーん。まあ……。

大川紫央　神への信仰を説くけれども、その神とは誰のことですか?

国之常立神　あんたは、やっぱり日本の神道《しんとう》を理解してないから、そういうことが言える。それは、あんたは、その（アフリカの祟り神の）ズールーの子孫《しそん》だからさ。日本の神っていうのは、昔から八百万いるんだからね。

大川紫央　それなら、ほとんどの人が神じゃないですか。

国之常立神　ほとんどじゃないですよ。

大川紫央　いや、「八百万」というと、今の日本には一億人はいますけれども、昔はそれほど人口もいなかったでしょうから。

国之常立神　普通人《ふつうじん》は一億いる。……うん。

大川紫央　日本神道の霊界は至高神の存在を受け入れないと、本当に日本が滅びますよ。

国之常立神　受け入れてないから、今、感染《かんせん》がこれで止まっているんじゃないですか。受け入れているところは、感染が広がってるから。

大川紫央　それはどういうことですか？　どういう解釈《かいしゃく》ですか？　それではエル・カンターレ自体が〝ウィルス〟みたいじゃないですか。

国之常立神　まあ、イスラム教とキリスト教は、今、〝死滅《しめつ》〟に向かっていますからね。

大川紫央　では、あなたの判断でいくと、「日本はエル・カンターレ信仰を持たないことにより、ウィルスから護《まも》られる」ということになりますね。

国之常立神　孤立《こりつ》しているから、助かっているんですよ。

和田　それは違《ちが》います。

「中国の属国にしてもらえばいい」「あんたも私もすべてが神」といった価値判断のなさ

大川紫央　またそうやって、世界から落ちこぼれていくパターンに持っていったら、罪になるのではないですか？

国之常立神　はあ……。私、争いごとが嫌《きら》いなんで。

大川紫央　それなら、争わずに、粛々《しゅくしゅく》と仕事をしたらいいじゃないですか。

国之常立神　余計なことをしないで、中国の属国にしてもらえば、それで済むことですから。

和田　それが理想ですか?

国之常立神　争うよりはいいですよ。もうねえ、日本は価値判断がないのよ、昔から。

大川紫央　正邪《せいじゃ》とか、そういうところを、もう少ししっかりしたほうがいいんじゃないですか。

国之常立神　もうねえ、「あんたも神」なら「私も神」なの。これが日本なのよ。

大川紫央　なるほど。だから、結局、「みんな神」でしょうと。

国之常立神　悪口が言えても「神」なの。

大川紫央　うーん。でしょうね。

国之常立神　ほめれても「神」なの。

大川紫央　神なんですね。

国之常立神　うん。

大川紫央　「みんな神」なんですよ。石も森も神なんですか。

国之常立神　下民《かみん》も神なんで。

大川紫央　下民も神なんですよ。ね？

和田　分かりました。

Ⅱ　国之常立神の霊言②（二〇二〇年四月八日午後）

あくまでも「神は私」と譲《ゆず》らない国之常立神

時代遅《おく》れで、みんなから忘れ去られている国之常立神

（編集注。国之常立神が、午後になって再度交渉《こうしょう》に来ていた）

国之常立神　（編集注。背景にカナダご巡錫《じゅんしゃく》の感想ＤＶＤ〔英語〕の英会話が流れている）世界中にコロナが広がったら、もう、海外伝道がなくなるからうれしい。英語も要《い》らない。うう……。

大川紫央　「世界中にコロナが広がったら、海外伝道という仕事がなくなるからうれしい」と？

大川咲也加　でも、世界中の人が困っているから……。

国之常立神　死んだらいいね。

大川咲也加　死んだらいいって……。

大川紫央　そんなことを言うなら、やはり、国之常立神の霊言はできないじゃないですか。

大川咲也加　ただ、「信仰免疫《しんこうめんえき》」と言われているように、エル・カンターレ信仰がないと、コロナに罹《かか》ってしまうかもしれないですよ。

大川紫央　本当ですよ。

国之常立神　洞窟《どうくつ》……。

大川紫央　洞窟に入るらしい。

国之常立神　洞窟へ逃《に》げる。

大川咲也加　洞窟に入る？

国之常立神　洞窟へ逃げる……。うん。

大川紫央　結局、今日は何が言いたかったのですか。日本の未来について、何か言いたかったのではないですか。
エル・カンターレ信仰を持たないと、あなたは本当に時代遅《おく》れになってしまいますよ。

国之常立神　逆ですよ。エル・カンターレ信仰は「異国の神」の教えだから、日本から、今、締《し》め出されようとして、〝滅菌《めっきん》〟されているんです。
エル・カンターレなんて、日本人は誰《だれ》も知らないですよ。なのに、会員さんに信仰させるから、広がらないんじゃないですか。

大川紫央　いや、国之常立神だって、もう、みんなから忘れ去られていますよ。

国之常立神　ふうう……（息を吐《は》く）。

大川紫央　新たに教えないと、みんな知りませんよ。

国之常立神　ただ、「神と呼ばれるのは私のことなんだ」って言ってるんだよ。

大川紫央　でも、「神」と呼べば、至高神につながるべきなんです。

国之常立神　神は私なんだ。

大川紫央　あなたは「the《ザ》 Creator《クリエイター》（創造主）」ではないでしょう？

国之常立神　だから、「外国人は違《ちが》うんだ」って言ってるんです。外国人は、みんな天狗《てんぐ》ですよ。

あなたがいなきゃ、もっとまともな信仰が立つのに。

大川紫央　これ以上、ドメスティックな信仰を広めないでもらえますか。世界は今、鎖国《さこく》じゃなくて、グローバルなんですよ。あなたの考えなら、日本国民はいつまでたっても創造神に会うことができないじゃないですか。

国之常立神　日本は、これでもういいんです。「新しい神」も「新しい教え」も、要らないんです。

天照大神《あまてらすおおみかみ》を主宰神《しゅさいしん》として認めない

大川紫央　でも、そうだとしても、主宰神《しゅさいしん》は天照《あまてらす》様ですよ。

国之常立神　九十六代目の神が、なんで主宰神になるわけ？

大川紫央　というか、あなたはそもそも御祖神《みおやがみ》と会ったことはあるのですか？

国之常立神　そんな人はいません。

大川咲也加　確か、国之常立神が地上に生まれたとき、近畿《きんき》のほうだったから知らないんじゃないですか。

大川紫央　もしかしたら、御祖神様と会ったことがないかもしれないですね。

大川咲也加　天御祖神が降り立ったのは富士山《ふじさん》のほうでしょう？

国之常立神　そんな人はいません。

大川紫央　ラ・ムー様は？

国之常立神　そんな人はいません。

大川紫央　はあ……（ため息）。それでは、オシリスは？

国之常立神　いません。

仏教を否定してきた部分のやり直しが必要

大川紫央　外国人が怖《こわ》いのですか？

●オシリス　古代エジプト神話に登場する復活の神。地球神エル・カンターレの分身の１人で、約6500年前のギリシャに生まれ、エジプトへ遠征した実在の王（オフェアリス）。『公開霊言　ギリシャ・エジプトの古代神 オフェアリス神の教えとは何か』（幸福の科学出版刊）等参照。

国之常立神　それは、普通《ふつう》、日本人の九割は怖いでしょう。

大川紫央　（笑）やはり、外来の人が怖いんですね。

国之常立神　来てほしくないでしょう。

大川紫央　ということは、聖徳太子《しょうとくたいし》の時代に、本当は仏教が入ってほしくなかったほうなのですか？

国之常立神　うーん、まあ、それは、物部《もののべ》のほうがいいんじゃないですか、うん。正しいでしょう。物部は、私を祀《まつ》ってますから。

大川咲也加　うーん。あなたは結局、何をされたいのですか？

●物部　古代の有力氏族。軍事、刑罰を担当する「物部の伴造《とものみやつこ》」として勢力をふるった。祖先は饒速日命《にぎはやひのみこと》とされる。仏教受容をめぐり、神道を護ろうとする廃仏派の物部氏は、崇仏派の蘇我《そが》氏と対立したが、敗れ、衰退した。

国之常立神　だから、持統《じとう》天皇は、自分の格付けのために天照を持ち上げたんだよ。

大川紫央　（笑）いや、でも、今回、本当に思うんですけれども、明治時代の政治の悪いところはけっこうありますよ。

大川咲也加　はい。

大川紫央　今につながっていて、もう一回やり直さなければいけない理由は、あると思います。廃仏毀釈《はいぶつきしゃく》はするし、唯物《ゆいぶつ》的価値観のほうに近づいた時代でもありますよね。

国之常立神　それは、伊藤《いとう》（博文《ひろぶみ》）がいちばん悪いんですよ。

大川紫央　だから、今、やり直ししないといけないのではないですかね。「外国の神」が日本に入るのを嫌《いや》がり、疫病《えきびょう》が流行《はや》る元凶《げんきょう》にする

大川紫央　いや、別に「自分が神」でもよいのですが、「神であれば、せめてエル・カンターレとつながる神にならないといけない」と言っているだけです。

国之常立神　いや、「神の種類が違う」って言ってるんじゃないの。

大川紫央　それは、種類が違いますよ。

国之常立神　砂漠《さばく》の神だから、まあ、エル・カンターレって、「ジン」みたいな存在なんですよ。

●ジン　アラブ地域において、精霊、悪霊、魔神等の超自然的な存在を指す。煙のような気体が固まってさまざまな姿を取るとされ、『コーラン』にもジンについて記されている。ムハンマドが初めて啓示を受けた際、「ジンに憑《つ》かれたのではないか」と恐れたと伝えられている。

大川紫央　でも、日本の神々がその価値観だと、日本はまずいでしょう。

国之常立神　だって、外国の神様なんだから、どうせ。日本になんかいたことはない。

大川紫央　仏教を入れようとしていたのは蘇我《そがの》……。

大川咲也加　馬子《うまこ》。

大川紫央　馬子を呼んでみましょうか。

国之常立神　そんな人はいないですよ。

大川紫央　蘇我馬子。

国之常立神　いないですよ。

大川咲也加　まあ、聖徳太子のような人が合わないということですかね。

大川紫央　あっ、聖徳太子は嫌《きら》いですか?

国之常立神　どちらかといえば。

大川咲也加　そうなのですか。

国之常立神　聖徳太子のおかげで、もう、戦乱は起きるし、疫病《えきびょう》は流行《はや》るし。外国の神様を入れたら、疫病がもういっぱいいねえ……。

大川咲也加　基本的に事なかれ主義の考え方なんですね。「新しい教え」など要らないと思っていたんですよね。

大川紫央　そうなんですよ。

大川咲也加　新しい教えが入ることで争いが起きると思っているのですか。

国之常立神　今も疫病が起きてるから、これは、外国の神様を入れたからなんですよ。

大川紫央　真理を弘《ひろ》めたほうが、コロナウィルスが流行ると思っているんですよね。

大川咲也加　もしかして、当会が迫害《はくがい》を受けるなどと思っておられるのですか。

国之常立神　うん、だから、異国の教えを入れたら、やっぱり疫病が流行るんですよ。

大川紫央　確かに、聖徳太子は日本の神様ですけれども、神道《しんとう》ではないですね。

大川咲也加　まあ、（転生《てんしょう》の一つが）リンカーンでもあるから、いろんなところに生まれている神様なのでは。

大川紫央　仏教……、もう少し世界規模なのでしょうか。国之常立神がずっと居座《いすわ》るなら、聖徳太子を呼ぶしかないですけれども。

国之常立神　だから、あんたに今日、邪魔《じゃま》されたんですよ。

大川紫央　いや、だって、明らかに……。

大川咲也加　また「火の雨が降るであろう」みたいな悲観的な予言をされるのでしょう。

大川紫央　自分の権威《けんい》を、また高めたいからでしょう。

国之常立神　だから、それね、心が濁《にご》ってるんですよ。

信仰《しんこう》の優劣《ゆうれつ》が分からず、「日本の開祖」を主張

大川紫央　いや、あなたも、物事の優劣《ゆうれつ》、信仰《しんこう》の優劣が分かっていないんでしょう？

国之常立神　分かっていますよ。だから、「開祖の神は私だ」と分かっているから、それは。

大川紫央　「開祖」って、何の開祖をしたのですか。

国之常立神　日本の。

大川紫央　開祖をしていないでしょう。

大川咲也加　『日本書紀《にほんしょき》』と『古事記《こじき》』で、〝日本の開祖〟の位置づけが違うぐらいですので、ご自由に争っていてください。

国之常立神　日本の開祖だ。

Ⅲ　聖徳太子の霊言（二〇二〇年四月八日午後）

聖徳太子に「国之常立神の霊言《れいげん》」について見解を訊《き》く

「日本の神は今、滅《ほろ》びの崖《がけ》っぷちに立っている」

（編集注。国之常立神が去らないので、聖徳太子を招霊《しょうれい》する）

大川紫央　聖徳太子様、聖徳太子様、日本の神をどうすればよろしいでしょうか。

聖徳太子様、いらっしゃいますか。

（約十五秒間の沈黙《ちんもく》）

聖徳太子　「日本の終わり」がもう来ているから、誰《だれ》かが説明しなきゃいけないんでしょう。

大川紫央　「日本の終わり」が来ている？

聖徳太子　「終わり」でしょう、これ。だから、説明が要《い》るんでしょうよ。

大川咲也加　聖徳太子様でよろしいですか。

聖徳太子　はい。

大川咲也加　ありがとうございます。

日本の民族神が、少し〝発狂《はっきょう》〟しているということでしょうか。

聖徳太子　いや、もう「終わり」でしょう、これ。

大川紫央　「日本の神も終わる」ということですか。

聖徳太子　「終わり」ですよ。

大川紫央　そして、「外来種《がいらいしゅ》の信仰《しんこう》にやられる」と思っているわけでしょうか。

聖徳太子　いや、「外来種の信仰だけ」とは思っていない。外国に占領《せんりょう》される場合も同じですから。日本の神は滅《ほろ》びますから。いずれにしても、「今、滅びの崖《がけ》っぷちに立っている」ということです。

国之常立神にとってはすべてが神様で、「創造主」という概念《がいねん》がない

大川咲也加　国之常立神は、日本の神としてメッセージを出したかったようです。

大川紫央　でも、「エル・カンターレ信仰は要らない」とか言われても困りますね。

大川咲也加　そうですね。

聖徳太子　エル・カンターレと言っているから、日本中に広がらないと思っているんだと思います。

大川紫央　でも、「天御祖神《あめのみおやがみ》」と言っても……。

大川咲也加　そんなに変わらないですよね。

大川紫央　国之常立神は、全然反応しませんでした。「そんな人は知りません。歴史書には遺《のこ》っていない」と言っていました。

聖徳太子　まあ、天理王命《てんりおうのみこと》のほうが有名だと思っているんじゃないですか。艮《うしとら》の金神《こんじん》とか。

大川紫央　聖徳太子様が日本に仏教を入れようとしたときも、こんな感じだったのでしょうか。

聖徳太子　内戦状態ですから。〝南北戦争〟です。

大川紫央　そうですか。

聖徳太子　「古来の神々が怒《おこ》る」ということで、「神罰《しんばつ》が当たるぞ」と言って。実際に疫病《えきびょう》がすごく流行《はや》って。内戦が起きて大勢死にましたし。まあ、国は安定しなかったですよね。

大川咲也加　国之常立神が疫病を起こしていたのでしょうか。祟《たた》ったりしたのでしょうか。

大川紫央　古い神々が抵抗《ていこう》しているから疫病が起こった可能性もありますが、本当の目から見ると、〝疫病に乗じただけ〟かもしれません。古い神々からしたら、「外来の神が来たから、こんな疫病が流行ったんだ」と言いたくなるところはあったのではないでしょうか。

聖徳太子　日本の考えとしては、「外国の神を崇《あが》めたら、国内の神が嫉妬《しっと》して、疫病が流行る」と思っているんです。

大川紫央　でも、人類を創ったのは神様なので、日本も外国もないんですけれども。

聖徳太子　日本は、すべてのものが神の子なので。山も川も岩も花も、牛もウサギも、みんな神様なので。

大川紫央　神の子ではなく、みんな神様ということですか。

聖徳太子　神の子でもあるけど、神様でもあるので。自然と一体なんです。

大川咲也加　「創造主」という概念《がいねん》が、あまりないのでしょうか。

聖徳太子　ないんです。すべてが神なので。

大川紫央　それでもいいのですが、ただ、エル・カンターレが下生《げしょう》しているのに、日本がこういう状態であるのは悲しいですよね。

聖徳太子　外国の文献《ぶんけん》にでも「エル・カンターレ」という神が載《の》っていれば、多少知っている人はいるのですが、それにも載っていないから、「学問的でない」と言っているんだと思いますよ。

大川紫央　やはり〝学者〟ですよね。発想が〝学者的〟です。

大川咲也加　文献のことをかなり言いますよね。

聖徳太子　「エル・カンターレ」と言うよりは、むしろ「エローヒムだ」と言ってくれたほうが、まだ知っている人はいるけれども……。

大川紫央　だから、「エル・カンターレは、今回初めて明かされた名前だ」と言っているわけですが。

聖徳太子　「信じる人が少ない」ということですね。「聖徳太子もいなかった」という本もいっぱい出されていますので。

大川紫央　奥《おく》さんとか親とか子供の名前まで遺っているのに。

●エローヒム　地球系霊団の至高神であるエル・カンターレの本体意識の１つ。約１億５千万年前、今の中東に近い地域に下生し、「光と闇の違い」「善悪の違い」を中心に、智慧を示す教えを説いた。イスラム教の最高神・アッラーと同一の存在。『信仰の法』（前掲）等参照。

聖徳太子　実証的な証拠《しょうこ》がないと、もう認めない世界に入っているのでね。

善悪の概念がなく、判断ができない国之常立神や日本の首相

大川紫央　聖徳太子様が、「仏教を日本に入れなければいけない」と思われた理由は何でしょうか。

聖徳太子　それは、一等国民になれないですからねえ。

大川紫央　その理由は？

聖徳太子　「思想や教えがない」というのでは、やっぱりそうでしょう。

大川紫央　でも、国之常立神は、それが分かっていないのではないかと思います。

聖徳太子　「すべてが、神や神の子だ」という考えだから、善悪の概念がないんですよ。

大川紫央　そうですね。

聖徳太子　善悪を分かつところに、智慧《ちえ》が生まれ、そして、進歩が生まれるんですよ。

大川紫央　なるほど。確かに、すべてがモヤッとしているというか、正邪《せいじゃ》が明確に分からない感じがありました。

大川咲也加　妖怪《ようかい》等の存在も、よしとしているわけですからね。

大川紫央　確かにそうですね。妖怪にも、正邪はあまりありません。

聖徳太子　安倍《あべ》さんも、長期政権をやっている理由は、日本の古い神様だからでしょうよ。あんな神様なんですよ。だから、判断ができない。

大川咲也加　（笑）そうでしょうね。

大川紫央　なるほど！

聖徳太子　判断ができないので。

大川咲也加　確かに、ある霊人《れいじん》からは安倍首相は諸天善神《しょてんぜんしん》ぐらいの格の方と言われていました。

大川紫央　あの感じが、（日本神道《しんとう》的なリーダーの）象徴《しょうちょう》ということですね。

聖徳太子　（安倍首相の過去世《かこぜ》は）物部《もののべ》じゃないですか。

大川紫央　なるほど。仏教を入れることに反対していたほうの。

聖徳太子　うん。

大川紫央　古いほうの。

聖徳太子　古来のね、「山川草木《さんせんそうもく》、全部が神様だ」と思っているような宗教なんじゃないですか。

大川紫央　でも、天照様《あまてらす》は、調和といっても、お怒《いか》りになるときは、正邪をけっこうはっきりされますよね。

聖徳太子　そうですね。性格的にはそうですね。

大川咲也加　そうですね。

大川紫央　きちんと正邪をはっきりされますよね。

聖徳太子　だけど、彼らから見れば、正邪を判断しているのか、ヒステリーなのかが分からない。

まあ、（教科書から）私も〝消され〟ようとしているし、吉田松陰《よしだしょういん》も〝消され〟ようとしているし、坂本龍馬《さかもとりょうま》も〝消され〟ようとしていますからね。これが、日本の今の教育の流れなので。

大川紫央　安倍さんのあの感じが、日本の神の特徴ということですね。

聖徳太子　そうです。判断できないのが、（日本の）神なので。まあ、国之常立神は、明日校閲《こうえつ》の咲也加さんの本に、今、いちばん反応しているんですよ。

大川咲也加　うーん。

大川紫央　確かに、そうかもしれませんね。

●咲也加さんの……　大川咲也加副理事長は、2020年4月13日に『心を磨く』（大川咲也加著、幸福の科学出版刊）を発刊。また、以前の霊査で、過去世の1人に天照大神がいることが判明している。

聖徳太子　自分も対抗して本を出したいんですよ。霊言《れいげん》のかたちで〝復活〟しようとしているのだと思います。

大川咲也加　そうですね。

大川紫央　最初から、そういう狙いなんだろうなとは思いました。やはり、〝復活〟になるじゃないですか、国之常立神の霊言をすることが。

大川咲也加　はい。

聖徳太子　うーん……。

大川咲也加　本日はありがとうございました。

聖徳太子　はい。

大川紫央　はい、ありがとうございました。

あとがき

二月に『中国発・新型コロナウィルス感染 霊査』を出版した頃には、まだ感染者は、世界で四万人余り、死者も千人に満たなかったと記憶している。日本政府も桜の咲く頃には習近平中国国家主席を国賓《こくひん》でお呼びし、二〇二〇年夏の東京オリンピック・パラリンピックを断行するつもりだったろう。

四月半ばの今、世界の感染者は二百万人に届き、死者は十数万人である。日本政府も主要国首脳も一カ月程度で終焉《しゅうえん》に向かわせることに全力で、その後も続くとどうなるかまで頭は回ってない。

ただ、ただ、「巣ごもり」のすすめがなされ、「医療崩壊」が叫ばれている。本書は、未来予測に対しては、根源的な疑問を呈《てい》している。そして「信仰免疫」の大切さを教えている。心ある人は、この声を聞くがよい。

二〇二〇年　四月十五日

幸福《こうふく》の科学《かがく》グループ創始者兼総裁《そうししゃけんそうさい》　大川隆法《おおかわりゅうほう》

『コロナ・パンデミックはどうなるか』関連書籍

『太陽の法』(大川隆法 著　幸福の科学出版刊)
『黄金の法』(同右)
『永遠の法』(同右)
『信仰の法』(同右)
『天御祖神の降臨』(同右)
『エドガー・ケイシーの未来リーディング
　——同時収録　ジーン・ディクソンの霊言——』(同右)
『艮の金神と出口なおの霊言』(同右)
『日本を救う陰陽師パワー——公開霊言　安倍晴明・賀茂光栄——』(同右)
『公開霊言　超古代文明ムーの大王　ラ・ムーの本心』(同右)
『公開霊言　ギリシャ・エジプトの古代神　オフェアリス神の教えとは何か』(同右)

コロナ・パンデミックはどうなるか
―― 国之常立神 エドガー・ケイシー リーディング ――

2020年 4 月16日　初版第 1 刷

著　者　　大《おお》　川《かわ》　隆《りゅう》　法《ほう》

発行所　　幸福の科学出版株式会社
〒107-0052 東京都港区赤坂 2 丁目 10 番 8 号
TEL(03)5573-7700
https://www.irhpress.co.jp/

印刷・製本　株式会社 研文社

落丁・乱丁本はおとりかえいたします

ISBN978-4-8233-0169-8 C0014
装丁・イラスト・写真© 幸福の科学

大川隆法ベストセラーズ・心の修行の指針

宗教者の条件

「真実」と「誠」を求めつづける生き方

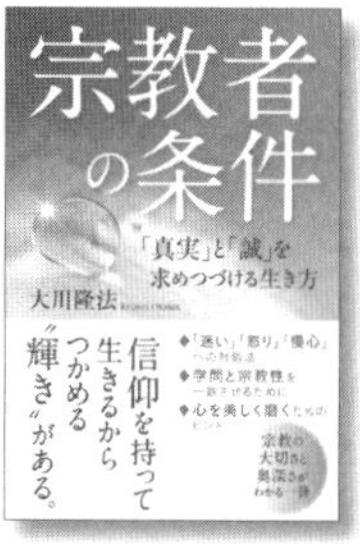

宗教者にとっての成功とは何か──。「心の清らかさ」や「学徳」、「慢心から身を護る術」など、形骸化した宗教界に生命を与える、宗教者必見の一冊。

1,600円

生霊論

運命向上の智慧と秘術

人生に、直接的・間接的に影響を与える生霊──。「さまざまな生霊現象」「影響を受けない対策」「自分がならないための心構え」が分かる必読の一書。

1,600円

真実の霊能者

マスターの条件を考える

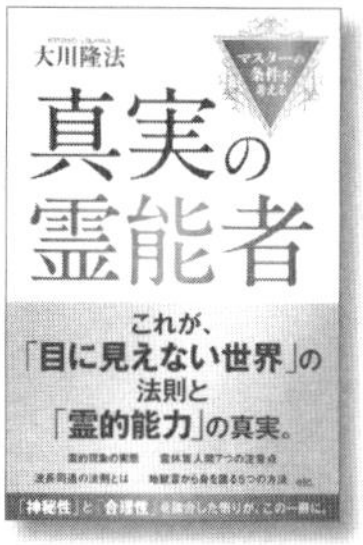

霊能力や宗教現象の「真贋《しんがん》」を見分ける基準はある──。唯物論や不可知論ではなく、「目に見えない世界の法則」を知ることで、真実の人生が始まる。

1,600円

心を磨く

私の生き方・考え方

大川咲也加 著

幸福の科学の後継予定者・大川咲也加が語る、23の「人生の指針」。誠実さ、勤勉さ、利他の心、調和の心など、『日本発の心のバイブル』とも言うべき1冊。

1,400円

幸福の科学出版

大川隆法「法シリーズ」・最新刊

鋼鉄の法

法シリーズ 第26作

人生をしなやかに、力強く生きる

自分を鍛え抜き、迷いなき心で、闇を打ち破れ──。

人生の苦難から日本と世界が直面する難題まで、さまざまな試練を乗り越えるための方法が語られる。

第１章　繁栄を招くための考え方
──マインドセット編

第２章　原因と結果の法則
──相応の努力なくして成功なし

第３章　高貴なる義務を果たすために
──価値を生んで他に貢献する「人」と「国」のつくり方

第４章　人生に自信を持て
──「心の王国」を築き、「世界の未来デザイン」を伝えよ

第５章　救世主の願い
──「世のために生き抜く」人生に目覚めるには

第６章　奇跡を起こす力
──透明な心、愛の実践、祈りで未来を拓け

幸福の科学の中心的な教え──「法シリーズ」

全国書店にて好評発売中！

モナコ国際映画祭2020
最優秀作品賞
(エンジェル・トロフィー賞)
モナコ国際映画祭2020
最優秀主演女優賞
モナコ国際映画祭2020
最優秀助演女優賞
モナコ国際映画祭2020
最優秀VFX賞
エコ国際映画祭2020
inナイジェリア
最優秀作品賞
エコ国際映画祭2020
inナイジェリア
最優秀助演女優賞
心の闇を、打ち破る。
心霊喫茶
「エクストラ」の秘密
—THE REAL EXORCIST—
製作総指揮・原作／大川隆法
千眼美子
伊良子未來 希島凛 日向丈 長谷川奈央 大浦龍宇一 芦川よしみ 折井あゆみ
監督／小田正鏡 脚本／大川咲也加 音楽／水澤有一 製作／幸福の科学出版 製作協力／ARI Production ニュースター・プロダクション
制作プロダクション／ジャンゴフィルム 配給／日活 配給協力／東京テアトル ©2020 IRH Press cafe-extra.jp
2020年5月15日(金) ロードショー

1991年7月15日、東京ドーム。
人類史を変える「歴史的瞬間」が誕生した。
――これは、映画を超えた真実。
夜明けを信じて。
2020年秋 ROADSHOW
製作総指揮・原作 大川隆法
田中宏明 千眼美子 長谷川奈央 芦川よしみ 石橋保
監督／赤羽博 音楽／水澤有一 脚本／大川咲也加 製作／幸福の科学出版 製作協力／ARI Production ニュースター・プロダクション
制作プロダクション／ジャンゴフィルム 配給／日活 配給協力／東京テアトル ©2020 IRH Press

幸福の科学グループのご案内

宗教、教育、政治、出版などの活動を通じて、地球的ユートピアの実現を目指しています。

幸福の科学

一九八六年に立宗。信仰の対象は、地球系霊団の最高大霊、主エル・カンターレ。世界百カ国以上の国々に信者を持ち、全人類救済という尊い使命のもと、信者は、「愛」と「悟り」と「ユートピア建設」の教えの実践、伝道に励んでいます。

（二〇二〇年四月現在）

愛

幸福の科学の「愛」とは、与える愛です。これは、仏教の慈悲《じひ》や布施《ふせ》の精神と同じことです。信者は、仏法真理をお伝えすることを通して、多くの方に幸福な人生を送っていただくための活動に励んでいます。

悟り

「悟り」とは、自らが仏の子であることを知るということです。教学《きょうがく》や精神統一によって心を磨き、智慧《ちえ》を得て悩みを解決すると共に、天使・菩薩《ぼさつ》の境地を目指し、より多くの人を救える力を身につけていきます。

ユートピア建設

私たち人間は、地上に理想世界を建設するという尊い使命を持って生まれてきています。社会の悪を押しとどめ、善を推し進めるために、信者はさまざまな活動に積極的に参加しています。

国内外の世界で貧困や災害、心の病で苦しんでいる人々に対しては、現地メンバーや支援団体と連携して、物心両面にわたり、あらゆる手段で手を差し伸べています。

年間約２万人の自殺者を減らすため、全国各地で街頭キャンペーンを展開しています。

公式サイト **www.withyou-hs.net**

ヘレン・ケラーを理想として活動する、ハンディキャップを持つ方とボランティアの会です。視聴覚障害者、肢体不自由な方々に仏法真理を学んでいただくための、さまざまなサポートをしています。

公式サイト **www.helen-hs.net**

入会のご案内

幸福の科学では、大川隆法総裁が説く仏法真理《ぶっぽうしんり》をもとに、「どうすれば幸福になれるのか、また、他の人を幸福にできるのか」を学び、実践しています。

入 会

仏法真理を学んでみたい方へ

大川隆法総裁の教えを信じ、学ぼうとする方なら、どなたでも入会できます。入会された方には、『入会版「正心法語《しょうしんほうご》」』が授与されます。

ネット入会 入会ご希望の方はネットからも入会できます。
happy-science.jp/joinus

三帰《さんき》誓願《せいがん》

信仰をさらに深めたい方へ

仏弟子としてさらに信仰を深めたい方は、仏《ぶっ》・法《ぼう》・僧《そう》の三宝《さんぼう》への帰依を誓う「三帰誓願式」を受けることができます。三帰誓願者には、『仏説・正心法語』『祈願文《きがんもん》①』『祈願文②』『エル・カンターレへの祈り』が授与されます。

幸福の科学 サービスセンター
TEL 03-5793-1727
受付時間／火～金：10～20時 土・日祝：10～18時（月曜を除く）
幸福の科学 公式サイト
happy-science.jp

ハッピー・サイエンス・ユニバーシティ

Happy Science University

ハッピー・サイエンス・ユニバーシティとは

ハッピー・サイエンス・ユニバーシティ（HSU）は、大川隆法総裁が設立された「現代の松下村塾」であり、「日本発の本格私学」です。
建学の精神として「幸福の探究と新文明の創造」を掲げ、チャレンジ精神にあふれ、新時代を切り拓く人材の輩出を目指します。

人間幸福学部　経営成功学部　未来産業学部

HSU長生キャンパス TEL **0475-32-7770**
〒299-4325 千葉県長生郡長生村一松丙 4427-1

未来創造学部

HSU未来創造・東京キャンパス
TEL **03-3699-7707**
〒136-0076 東京都江東区南砂2-6-5 公式サイト **happy-science.university**

学校法人 幸福の科学学園

学校法人 幸福の科学学園は、幸福の科学の教育理念のもとにつくられた教育機関です。人間にとって最も大切な宗教教育の導入を通じて精神性を高めながら、ユートピア建設に貢献する人材輩出を目指しています。

幸福の科学学園
中学校・高等学校（那須本校）
2010年4月開校・栃木県那須郡（男女共学・全寮制）
TEL **0287-75-7777** 公式サイト **happy-science.ac.jp**

関西中学校・高等学校（関西校）
2013年4月開校・滋賀県大津市（男女共学・寮及び通学）
TEL **077-573-7774** 公式サイト **kansai.happy-science.ac.jp**

仏法真理塾「サクセスNo.1」

全国に本校・拠点・支部校を展開する、幸福の科学による信仰教育の機関です。小学生・中学生・高校生を対象に、信仰教育・徳育にウエイトを置きつつ、将来、社会人として活躍するための学力養成にも力を注いでいます。
TEL 03-5750-0751（東京本校）

エンゼルプランV TEL 03-5750-0757
幼少時からの心の教育を大切にして、信仰をベースにした幼児教育を行っています。

不登校児支援スクール「ネバー・マインド」 TEL 03-5750-1741
心の面からのアプローチを重視して、不登校の子供たちを支援しています。

ユー・アー・エンゼル！（あなたは天使！）運動
一般社団法人 ユー・アー・エンゼル TEL 03-6426-7797
障害児の不安や悩みに取り組み、ご両親を励まし、勇気づける、
障害児支援のボランティア運動を展開しています。

NPO活動支援

学校からのいじめ追放を目指し、さまざまな社会提言をしています。また、各地でのシンポジウムや学校への啓発ポスター掲示等に取り組む一般財団法人「いじめから子供を守ろうネットワーク」を支援しています。
公式サイト mamoro.org ブログ blog.mamoro.org
相談窓口 TEL.03-5544-8989

百歳まで生きる会

「百歳まで生きる会」は、生涯現役人生を掲げ、友達づくり、生きがいづくりをめざしている幸福の科学のシニア信者の集まりです。

シニア・プラン21

生涯反省で人生を再生・新生し、希望に満ちた生涯現役人生を生きる仏法真理道場です。定期的に開催される研修には、年齢を問わず、多くの方が参加しています。全世界212カ所（国内197カ所、海外15カ所）で開校中。

【東京校】TEL 03-6384-0778 FAX 03-6384-0779
メール senior-plan@kofuku-no-kagaku.or.jp

幸福実現党

内憂外患《ないゆうがいかん》の国難に立ち向かうべく、2009年5月に幸福実現党を立党しました。創立者である大川隆法党総裁の精神的指導のもと、宗教だけでは解決できない問題に取り組み、幸福を具体化するための力になっています。

党の機関紙
「幸福実現NEWS」

幸福実現党 釈量子サイト **shaku-ryoko.net**
Twitter **釈量子@shakuryokoで検索**

幸福実現党 党員募集中

あなたも幸福を実現する政治に参画しませんか。

○幸福実現党の理念と綱領、政策に賛同する18歳以上の方なら、どなたでも参加いただけます。
○党費:正党員(年額5千円[学生 年額2千円])、特別党員(年額10万円以上)、家族党員(年額2千円)
○党員資格は党費を入金された日から1年間です。
○正党員、特別党員の皆様には機関紙「幸福実現NEWS(党員版)」(不定期発行)が送付されます。

＊申込書は、下記、幸福実現党公式サイトでダウンロードできます。
住所:〒107-0052 東京都港区赤坂2-10-8 6階 幸福実現党本部
TEL **03-6441-0754** FAX **03-6441-0764**
公式サイト **hr-party.jp**

幸福の科学出版

大川隆法総裁の仏法真理の書を中心に、ビジネス、自己啓発、小説など、さまざまなジャンルの書籍・雑誌を出版しています。他にも、映画事業、文学・学術発展のための振興事業、テレビ・ラジオ番組の提供など、幸福の科学文化を広げる事業を行っています。

アー・ユー・ハッピー？
are-you-happy.com

ザ・リバティ
the-liberty.com

幸福の科学出版
TEL **03-5573-7700**
公式サイト **irhpress.co.jp**

THE FACT

ザ・ファクト
マスコミが報道しない「事実」を世界に伝えるネット・オピニオン番組

YouTubeにて
随時好評
配信中！

ザ・ファクト 検索

NEW STAR PRODUCTION

ニュースター・プロダクション

「新時代の美」を創造する芸能プロダクションです。多くの方々に良き感化を与えられるような魅力あふれるタレントを世に送り出すべく、日々、活動しています。 公式サイト **newstarpro.co.jp**

ARI Production

ARI《アリ》 Production《プロダクション》

タレント一人ひとりの個性や魅力を引き出し、「新時代を創造するエンターテインメント」をコンセプトに、世の中に精神的価値のある作品を提供していく芸能プロダクションです。 公式サイト **aripro.co.jp**

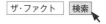

大川隆法　講演会のご案内

大川隆法総裁の講演会が全国各地で開催されています。講演のなかでは、毎回、「世界教師」としての立場から、幸福な人生を生きるための心の教えをはじめ、世界各地で起きている宗教対立、紛争、国際政治や経済といった時事問題に対する指針など、日本と世界がさらなる繁栄の未来を実現するための道筋が示されています。

2019 年 12 月17 日 さいたまスーパーアリーナ「新しき繁栄の時代へ」

2019年10月6日 ザ ウェスティン ハーバー キャッスル トロント(カナダ)「The Reason We Are Here」

2019年7月5日 福岡国際センター「人生に自信を持て」

2019年3月3日 グランド ハイアット 台北(台湾)「愛は憎しみを超えて」

2019年7月13日 ホテル イースト 21 東京「幸福への論点」

講演会には、どなたでもご参加いただけます。
最新の講演会の開催情報はこちらへ。⟹ 大川隆法総裁公式サイト https://ryuho-okawa.org